続 子どもの心の育ち

3歳から5歳
自己のひろがりと深まり

阿部和子 [著]

HOUBUNSHORIN
萌文書林

はじめに

　本書は、『子どもの心の育ち －０歳から３歳－　自己がかたちづくられるまで』（萌文書林、1999）の続編です。前書では、人は生まれてからおおよそ３年の月日をかけて、人生をつくりあげる主体である自己を獲得すると考えられていますが、その、自己の獲得の過程について、さまざまな角度から検討しました。そして、自己がかたちづくられる筋道についてのおおよその輪郭を示すことができました。それは、乳幼児期の特性である「内外未分化（自他の区別がつきにくい混沌とした世界）」を踏まえると、生活する場における大人や子ども同士のありようが、いかに重要であるのかを力説することになりました。最初の３年間の生活を通して獲得された「自己」は、そこで完成されるのではなく、その後も周囲とのやりとりを通して、何度も組み替えられていきます。
　本書は、その後の３歳（３歳クラス）から５歳（５歳クラス）までのいわゆる幼児期後期の自己の育ちを追跡していきます。子どもたちは、周囲の空気に影響され揺れ動きながら、一見すると頼りなげですが、しかし、したたかに自分の生活を繰り広げながら、自己の領域を広げ、深め、そして組み替えていく姿に出会うことができました。
　これらの子どもたちの自己の育ちの記述は、前回と同様に、著者が子どもたちの生きる場に参加して書きとめたエピソードをもとにしています。

この場合の観察者（著者）は、いっしょにそこに参加していますが、生活のためのクラスの運営に関しては、積極的に携わる立場にはありません。観察者は、大人の役割を意識して動かなければならないときもありますが、大方は、視線を子どもの側において、保育の場で展開される活動や出来事を見ることができやすい立場にあります。そして、実際には、どれくらいそうなれたかは定かではありませんが、少し先の見通しが立つ、ものわかりのよい仲間の立場でもいられます。
　このような立場にある観察者が留意したことは、徹底的に子どもの視点に立って、そこで生起する出来事をできる限り、同時通訳的に記録することで、子どもたちの心身が躍動する、生きた世界に接近しようとしたことです。そのため、記録が冗長的にならざるを得なくなり、合理的な大人の感覚からすると、切り捨ててしまいたい部分や、繰り返しが多いと感じる部分があるかもしれません。しかし、子どもの生きる内実を、子ども自身の具体的な生活を通して見るために、そのままにしてあるところもあります。
　そのことの目的の一つは、そこに居合わせた子どもや大人の鼓動や息遣いや、気持ちの揺れ動きまでも表現しながら、その躍動する世界のなかで幼児期の生活や、自己の育ちを表現することができないかということからです。もう一つは、本書を読んでくださる方たちと、躍動する子どもたちの世界を共有しながら、つまり、考える基盤をできるだけいっしょにしながら、その生々しい世界のなかで、喜んだり困惑したりしながら、子どもの心の育ち

について、いっしょに考えていけたらという願いからです。

　次に本書の構成ですが、3歳児の世界、4歳児の世界、5歳児の世界というように年齢を追って記述されています。3年間にわたり3歳、4歳、5歳児と本書の主人公たちのクラスに参加しての記録をもとに展開していきますので、言うまでもないことですが、3歳児は3歳児クラスを意味しています。ですから、3歳児の世界には、3歳児クラスで4歳の誕生日を迎えた子どもたちもいます。4歳、5歳も同様です。

　さらに、クラスや年齢はおおよその目安です。それは、子どもの育ちは、どのような経験をしているのかに負うところが多くあるからです。本書に登場する子どもたちのほとんどは、3歳になる前にすでに保育園での生活を始めた子どもたちですから、3歳児といっても、それ以前に子どもたち同士のかかわりを、相当に経験してきている子どもたちです。たとえば、幼稚園に通う子どもたちのように、それまで家庭で生活をしていて3歳児から集団でという子どもたちとは、その行動の現れ方が少し異なるかもしれません。育つ場所の影響は重要ですが、その場所でどのような経験をしているのかということが、育ちには重要な要素ではないかと考えられますので、年齢は目安にということをさらに強調します。

　しかし、3歳児で記述した世界を経ることなしに4歳児で記述した世界は難しいというように、育ちの筋道は、3歳から4歳、そして5歳で記述した世界へ発達していくと考えています。年齢にとらわれすぎることなく、その内実を理解することが重要で

す。
　PART 1 の 3 歳児の世界では、そこに至るまでの自己の育ちの筋道やそのための経験が整理されています。これは前書の内容のおもな部分のまとめと、その後に新たに発見したことを付け加えました。それは、自己の中心を獲得した子どもは自己中心的な生活を存分に生きることが重要であることを強調したところです。自己の中心を獲得した子どもの行動は、大人の目から見ると「わがまま」で、聞き分けがなくて思いやりに欠けるような感じを受けます。しかし、この一見、できれば、そうあってほしくない、わがままで聞き分けのないこれらの気持ちを存分に表現するところから、その気持ちのコントロールの仕方を身につけていくことを、子どもたちの育ちが教えてくれます。
　たとえば、人が、抜き差しならない状況で、「相手の気持ち」を考えるということは、相手を無視したい気持ち（自分の欲求に忠実にありたい）と、自分と対立する相手の気持ちとの間の葛藤を経て、自分の気持ちを相手の状況に添わせることであると考えるからです。相手の気持ちを考えるということは、天真爛漫にできるのではなく、先の葛藤のなかで自分の行動を決めているわけですから、そのさなかでは、相手の気持ちと合わせ鏡のようにして自分自身のわがままや認めたくないさまざまな心情を持ち合わせていることになります。このように考えると、人は、まったくの「善さ」だけでは生きていないと考えられます。大人から見てということになりますが、一見マイナスに見える多くの経験を豊かに繰り広げられるのが 3 歳児の世界です。良くも悪くも、存分に自己

主張したときの対立を通して、自他の輪郭がさらに明瞭になり、そして、その間をつなぐ約束事が重要になることに気づいていくことになります。そして、互いに、自分とは異なる気持ちがあることに気づいていくのは、4歳クラスになって観察されることが多くなります。
　4歳児では、人の生きることを支える自己肯定感（優れていたい・よい自分でありたい欲求）が危機に瀕します。この危機をどのように切り抜けて、よさだけではなく、「しなやかさ」をどのように獲得していくのかについてPART 2の4歳児の世界において考えました。本書は、3歳、4歳と子ども同士の関係のエピソードが多く取り上げられていますが、これは3歳を過ぎると、子どもたちだけで育つかの印象を受けることを恐れて、5歳児の世界では、一斉の活動場面の記録も多く紹介し、自己の育ちという視点からそのことの意味も検討しました。それは、片方に意図した保育者の働きかけや生活があり、そのうえでの子ども同士の関係であることを再確認したかったからです。
　自己のしなやかさを獲得した5歳児では、「大きくなること（自己肯定感情）」を喜びとし、未来を視野に入れて生活をしながら、生きるためのさまざまな力を自分のものにしていく経験群について考えました。これはPART 3の5歳児の世界で展開されることとなります。

　本書は以上のように構成しました。ここで考えられた子どもの育ちに対する考え方や、現象をどのように見るのかは、見る人に

より異なります。いっしょに考えていくためにも、できるだけ同時通訳的に記録したことは前にも述べました。同時通訳的記録とその読み取りという方法は子どもたちの繰り広げる出来事の記録を、どのように読み取るのかについて、いっしょに考えていくことができれば、子ども理解をより確かなものにしていくことのすぐれた方法の一つであると考えます。

　もちろんこれは、子どもの育ちへの接近の一つの試みではありますが、完成されたものでもありません。前書同様に、ご批判やご指導を受けながら修正されていくものと考えています。

　著者が子どもたちの生きる場所に参加する機会を得てから10年以上になります。その間、週に1回3時間から4時間、事情の許す限り、できるだけ出かけて行き、子どもたちが、生きている「今、ここ」の現場に立ち合わせてもらいました。それを、どれくらい感じ取れて、どれくらい表現されているのか心もとない限りですが……。

　前書で登場した子どもたちは1996年4月から1998年3月までのK市立S保育園に在籍する0歳児クラスから2歳児クラスまでの子どもたちです。本書の主人公たちは、1993年4月から1996年3月までのK市立A保育園に在籍する3歳児クラスから5歳児クラスまでの子どもたちです。同じ子どもたちの6年間を追いかけたものではありませんが、それぞれ3年間をともに過ごした仲間たちの記録です。

　最後になりましたが、本書の主人公であるエピソードの子ども

たちに感謝します。子どもたちの名前は仮名にさせていただきました。そして、生活の場所に参加することを快諾してくださり、いろいろの便宜をはかってくださいました、保育者のみなさまの協力に感謝いたします。

　また、子どもの育ちを巡って多くの保育園の先生方と議論し、ヒントをいただきました。また、前書を読んでたくさんの意見や感想をいただきました。それらの一つひとつが、本書の執筆の励みになりました。

　また、本書の執筆の機会を与えてくださり、目次をつくるところから、わかりにくい文章をていねいに読んでくださり、時宜を得たアドバイスをいただきました萌文書林の服部雅生氏、田中直子さん、そして金丸浩氏、また要職にあり多忙であるにもかかわらず、考えるヒントを与えてくださったり、励ましてくださった、恩師であり現在は大妻女子大学教授の大場幸夫先生に、心より感謝申し上げます。

2001年2月

著　者

もくじ

PART 1　3歳児の世界

1　3歳児の姿−「自己中心性」− 17

2　「自己の中心」を獲得するということ 21

　1．自己の中心に気づいていく過程 21
　　（1）出生後すぐの生活→「人」が分化する 21
　　（2）0歳児の生活→特定の人の分化へ 24
　　（3）1歳から2歳の生活→身体の獲得 25
　2．自己の中心に気づき始めた子どもたちの姿 27
　　（1）ものを独占する（抱え込む）行動から 27
　　　①「お母さん」ということばの獲得 28
　　　②「お母さん」ということばの独占（抱え込む） 29
　　（2）「ものを包む」行動から 31
　　（3）「ものを埋める」行動について 35

3　3歳児の自己−欲求の論理− 37

4　子ども同士の関係 41

1．みんなのものから「自分のもの」への手続き−場所の所有−.... 41
　（1）約束事への気づき−「入れて−いいよ（だめよ）」........ 41
　（2）欲求の論理−「優れていたい（よくありたい）」欲求.... 44
2．いっしょに遊ぶ.. 47
　（1）子ども同士での遊びの姿 47
　（2）子ども同士の遊びが成立する過程 50
　　① 人といっしょにいることの快さ（快い情感の共有）の経験.... 51
　　② ものとかかわる−十分に探索活動を 52
　　③ 「場」がつくりだす感情の共有............................ 54
　　＊「楽しさの渦」... 54
　　＊「怒りの渦」.. 55
　　④ （自分とは）「異なる気持ち」に気づく 58
　（3）3歳児の子ども同士の遊びが成立する条件 60
　　①「いっしょに……しようよ」............................... 60
　　② 3歳児の子ども同士の遊びが成立する条件 63
3．場の楽しさの共有から「持続した子ども同士」の関係へ 65
　（1）「なかよし」の関係へ 65
　（2）なかよしに味方する 70

PART 2
4歳児の世界

1　4歳児の姿−「欲求と現実」のズレの気づき− 74

1.「自己」を支えるもの 74

　　　　（1）優れていたい自己 75
　　　　（2）みんなと同じ 79
　　2．自己の行動を支える秩序 82
　　　　（1）秩序へ向かう 83
　　　　（2）秩序からの自由 86

2　子ども同士の関係 －相手の内面（気持ち）への気づき－ ... 89

　　1．ことの当事者同士 89
　　2．目撃者として 94

3　4歳児の自己 －欲求・現実の論理－ 98

　　1．「優れていたい自己」を脅かすものとしての他児 98
　　　　（1）その場の論理 102
　　　　（2）1番に執着する 103
　　　　（3）別のことで1番になり相手の1番を取り消す 103
　　　　（4）別の秩序をもちだす 103
　　　　（5）1番の習慣化 104
　　　　（6）1番を譲る 105
　　2．優れていたい自己－傷つきと立ち直り 107
　　　　（1）じゃんけんの結果に気づいてもらえない 107
　　　　（2）「先生が知らんぷりしたの」 108
　　　　（3）「遊びに入りたい」 109
　　3．優れていたい自己－内面と身体のズレ 114
　　4．「優れていたい自己」から「しなやかな自己」へ
　　　　　　－自己を見るもう一つの視点の獲得 119
　　5．「しなやかな自己」へ
　　　　－陣取り遊び（勝ち負けのある遊び）のもう一つの意味－ ... 125

（1）陣取り遊び 126
　　　（2）陣取り遊びのエピソード 127

PART 3
5歳児の世界

1　5歳児の自己像 132
1．大きくなることへの期待 132
　　　（1）「最初から大人になりたかった」 132
　　　（2）歳が上であること 134
2．自分に誇りをもつ 136
　　　（1）「できないところを手伝って」 136
　　　（2）それくらいできるはずだ 137
3．誇りがもてない 138
　　　（1）ひやかす 139
　　　（2）けなし合う 140
　　　（3）身体を傷つけ合う 142
　　　（4）こんなはずじゃない－くやしい 144
4．「見られる自分」を見る（客観的に見る） 146
5．5歳児の「自己」－希望・期待の論理 148
　　　（1）自己－自他の気持ちに向かう 149
　　　　　① おもに自己をめぐる出来事から 149
　　　　　② 他の子との関係から 150
　　　（2）自己－現実とイメージの間 152

2 表現する身体 155

1．できない 155
2．鍵盤ハーモニカを弾く 156
3．記憶－「思いのままに動かない身体」
　　　　　－「思いのままに動く身体」.......................... 158
　　（1）思うように動かない身体 158
　　（2）思うように動く身体 160
4．よりよく表現しようとする身体 161

3 クラス（集団）の生活 169

1．欲求とルール 169
　　（1）「ずるしたんだ」－「ずるしちゃいけないんだ」........... 170
　　（2）「10回やったら交代」－ルールと欲求 172
　　（3）「靴と手とどっちが大切だ？」－大切なものへの気づき ... 174
　　（4）「あやまりな」－もめ事の仲裁 176
　　（5）「ごめんねぐらい言って行けよ」－礼儀 177
2．みんなで考える－保育者と子ども 180
　　（1）グループの名前を決める 180
　　（2）運動会に向けての話し合い 184
　　（3）栽培の仕方について 187
3．一人で考える－製作 191

4 子ども同士の関係 195

1．なかよしの関係 197
　　（1）「貸してあげる」....................................... 198
　　（2）「2人は、ずーっとスカートをはいてるんだよ」........... 199
　　（3）「だって、なるちゃんの命令だもん」..................... 201

2．私たちの空間へ－仲間 203
　(1) 仲間の内側 203
　(2) 仲間－お互いを認め合う 206
　(3) 仲間割れ－調整 208
　(4) 仲間割れ－修復 210
　(5) もめ事 212
3．私たちの空間から－みんなへ 216
　(1) 遊びのはじまり 217
　(2) 遊びの広がり－他を巻き込む 218
　(3) 場所の広がりとストーリーの発展 220
　(4) 片づけ 222

おわりに 224

3歳児の世界

保育園のように集団で生活する子どもたちは、2歳児クラスも後半に入ると「みんなの」とか「じゅんばん」ということばをさかんに使い始めます。一見すると、自他の区別がついて、集団で生活するうえでのルール等に気づき始めたかに見えます。しかし、「ことばで言うことができる」ことと、それが理解できることとの間にはズレがあるようです。2歳半ごろから3歳半ごろの間にいる子どもたちは、このズレの間を行きつ戻りつしながら、行為する主体としての自己（自分）に気づいていくようです。行為する主体としての自己が確立されると、つまり、周囲に向かう自分の場所（拠って立つところ＝視点）を獲得すると、そこからものを見ることを始めます。こうして、ストレートに、自己中心的に行動しながら生活を十分に繰り広げることが3歳児の特徴となります。

　これは一見「わがまま」に見える行動です。「わがまま」な行動は、何とかしなければならないことという視点から、自己中心的な行動を抑制する、つまり「善さ」だけを子どもに要求する生活では、人として育ってほしい力が育ちにくいのではないかと思います。

　十分に自己主張する生活は、その主張が一致したときは、楽しさの共有をもたらし、人（子ども）といっしょにいることは楽しいことを実感します。また、そういう生活にはもめ事や対立も多くあり、思うようにいかない（自己中心的だけではいられない）ときのさまざまな感情体験をします。

　これらの、子ども同士がいっしょに生活することで生起するやりとりを通して、子どもは人との関係のなかで、自分の欲求を満足させるためにはどうしたらよいのかというような問題解決の仕方を考えなければなりません。3歳児は、自分の気持ち、相手の気持ちを視野に入れて、欲求のコントロール（折り合いのつけ方）をして、みんなといっ

しょに活動することを選択するか、どうしても譲れないときには、譲れないことを表現するというような、「自立した人同士の生活」への一歩を踏み出すことになります。

1　3歳児の姿　－「自己中心性」－

3歳児の特徴である「自己中心的」な姿を、「みんなのもの」をめぐっての子どもの行動から見てみます。

エピソード 1　キンニクマンの箸で食べたい

給食時、りょうすけ君（3歳7か月）が観察者に「箸、借りてくる」と言うので「忘れてきたの？」と聞くと「うん」と言って借りに行く。そのやりとりを見ていたひろお君（4歳2か月）が、「あるよ、ほら」とりょうすけ君のカバンを持ってきて中の箸箱を観察者に見せる。箸を借りて戻ってきたりょうすけ君に「りょうちゃん、忘れていなかったんだって？」と言うと、「いいの、片づけておいて」と自分のロッカーを指さしてそこにカバンを戻すように言う。その後、りょうすけ君は保育者に「自分の箸で食べなければいけない」と言われて泣いて抵抗する。しかし、自分の箸で食べることになる。給食が終わって、パジャマに着替えているときに、観察者が「どうして、自分の箸があるのに借りに行ったの？」と聞くと、「キンニクマン」と答える。「キンニクマンの箸で食べたかったの？」と聞くと「うん」と答える。「残念だったね」と言うと、「うん」と言いながら笑う。

エピソード 2　みんなの

りょうすけ君（3歳10か月）は、ひろお君（4歳6か月）が砂場で使っている道具を黙って取って逃げていく。ひろお君が「使ってる」と返してくれるように言う。それでも逃げていくので観察者が「ひろお君が使っているってよ」と言うと、りょうすけ君「みんなのだもの」と言う。観察者は「みんなのだけど、ひろお君が使っているときは、ひろお君のじゃないの？」と言うが「みんなの、（だから持っていって）いいの」と離そうとしない。観察者とりょうすけ君のやりとりを見ていた、ひろお君が「いい」と言って別の道具で代用する。

　3歳児では、このりょうすけ君とひろお君のようなやりとりが日常茶飯事に繰り返されます。

　この年齢の子どもにとって、「みんなのもの」に対する意識は、自分だけのものではないことはおおよそ理解できるが、それを使いたいという欲求の強さによって「みんなのもの」という意識が曖昧になるようです。

たとえば、自分がほしいと思っているときに、手に入れたものは、他の子が使っているものでも、「ぼくが見つけた」(ぼくが見たときは誰も持っていなかった)ものは自分のものであるというように、欲求(気持ち)とほしいものが一直線に対をなしているようです。

また、誰か他の子に遊びに誘われ、その遊びをするためのもの(三輪車)がないと遊びが成立しないようなときなど、他の子が使っているものでも、強引に奪い取ろうとします。そのとき、大人が仲裁に入っても、その遊びへの欲求が強ければ強いほど、「○○ちゃんがダイレンジャーごっこしようと言うんだもの」と、その三輪車がなければ遊べないからと、自分のものであることを主張します。

また、さっきまで使っていたが今は使っていないときでも、自分の遊んでいる場所にある道具を他の子が使おうとすると「あれ、ぼくが使っていた」と、自分のであることを主張します。しかし、自分の、今の遊びの続きなのか(使っているつもり)、さっき使ったもの(自分のなかでは使い終わっている)を誰かが使おうとするので、新たにほしいのかはっきりしないことが多いようです。

以上のように、「みんなのもの」をめぐる子どもの行動は、自己中心的な欲求充足の延長線上にあるといえます。3歳児は、この自己中心的な欲求充足のための、ものの所有権や関係のあり方などを強力に主張することが行動の核になるようです。

エピソード1のりょうすけ君のように、保育園のキンニクマンのついた箸で食べたいから、自分の箸はカバンの中に入れて「忘れた」ことにするとか、また、次ページのエピソード3のりょうすけ君のように、給食のとき、おかわりする他児につられて「味噌汁のおかわり」をするが食べきれない。すると、そのおかわりした味噌汁を自分から遠ざけ、「ぼくのじゃない(ぼくはさっき飲んだから)」と言うことなど

エピソード 3　これ、ぼくのじゃない

　給食中、いつもはゆっくりのりょうすけ君（3歳9か月）が、今日は味噌汁を先に飲んでいたらしく、他のクラスの先生が給食のおかわりを持って現れて「ほしい人は？」と聞くと、「ぼくもー」と手を上げ、おかわりをもらう。しかし、ご飯がなかなか進まずに味噌汁が残ったまま。そのうち、その残した味噌汁のお椀を手で押しながら、「これ、ぼくのじゃない、誰の？」と言っている。隣のひろお君（4歳5か月）があたりを見まわして、それぞれにお椀があるのを確認して、「りょうちゃんの」と言ってお椀をりょうすけ君に近づける。りょうすけ君は、「ちがう」と否定し続ける。

が、なんの矛盾もなく起こるのがこの年齢の特徴と考えられます。

　このようなものに関するかかわり方は、子ども同士の間で、「〇〇（自分）の△△ちゃん」というように他児を取り合うことにも見られます。

　以上のような自己中心的な欲求充足のためのもの・人とのかかわりの経験を深め、さらにそれをめぐる他の子とのやりとりを通して、自己中心的な欲求をコントロールする、つまりは、約束事や決まり事などを獲得していくことになります。ここには、エピソード1のように大人がかかわることになりますが、かかわり方（見守るなど）やタイミングが問題になります。何から何まで「善さ」だけを要求する生活より、大目に見るという生活も考えたいものです。保育園という場は、子どもを教育する場であるとともに、生身の心身を世話するなど、その子どもの「生」を無条件に受け入れる安心できる場所でもあるからです。

2 「自己の中心」を獲得するということ

　人は、生まれたそのときから、「自己（私とか自分というまとまり）」をもちあわせているわけではなく、その最初は「内外未分化」といわれる、混沌とした世界に住んでいると考えられます。
　このような混沌とした世界にありながらも、人とかかわること（コミュニケーション）を前提にしていると考えられるような力や、食欲を満たす方法と考えられる力など、生きていくための極めて原初的な欲求（生きる力）をもって生まれてきています。このように考えると、人は自己（私という主体）というまとまりをもつまえに、生きようとする欲求やそれを予想させる力を先にもつことになります。つまり、やがては自分のものとして意識できる「生」を支えるこの欲求のもち主という感覚は、その最初においてはもちあわせていないことになります。
　周囲の人の「世話を必要としている存在として子どもを受け入れる」気持ちにおおいに依存して、この自他が未分化な「誰のものでもない欲求」を満たすやりとりを開始します。つまり、人はその最初において、誰でもない、欲求そのもののなかで積極的に「生きること」を始めることになります。

1. 自己の中心に気づいていく過程

（1） 生後すぐの生活→「人」が分化する

　発達は、ある意味では、未分化から分化への過程であると考えることができます。人の目は外への向きをもっていて、自分自身の顔や全

身を自身の目で見ることができないように、分化への過程も先に外界が分化していきます。ここでは、内外未分化の状態から人が分化していく過程を概観します。

最初に、図1のモデルを使って、誰でもない、欲求そのもののなかに「生きること」を開始した、1、2か月ごろの生活をイメージしてみます。

この時期の生活を子どもの側に焦点を当てて表現してみると、図1のようになるのではないかと思います。生きる場所を獲得していないこの時期は、言って見れば宇宙に漂っている欲求のなかに生きています。欲求がわき起こったとき、たとえば空腹で不快な状態が起こったときに、いやおうなく行動が開始されます。この欲求は他の人の手助けがあり、解消される（満腹になる）と消えることになります。こうして、生きていくうえで必要な基本的な欲求が浮かんでは満たされて消え、また浮かぶということを繰り返します。

ここで重要なことは、ここにかかわる人が、気持ちをもって、つまりオムツがぬれているときにはぬれたときへの、お腹がすいていると

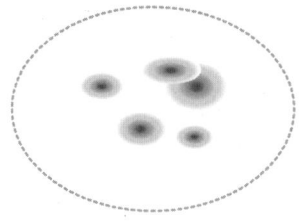

図1　生後1、2か月ごろの生活

2 「自己の中心」を獲得するということ

きにはすいているときへの、微笑んだときには微笑んだときへの気持ちの向きをもってかかわるということです。この時期の子どもの欲求は、もともと周囲を意識できないのですから、その周囲の都合にかかわらずに生起します。それは周囲にとって負担を強いることもありますが、相対的には、その負担を強いられることも含めて好意をもって子どもを受け止めることが、浮かんでは消えを繰り返す欲求の周辺に、まとまりをもたせ、肯定的に意味づけをし、そして意味の広がりをもたせることになります。

1、2か月ごろでは、世話をされているとき、子どもは、周囲の人の暖かさ、顔、声の感じ、雰囲気などはバラバラに経験していると考えられます。世話をされることが何回も繰り返されていくことで、一つのまとまりをもちだし、さらに、子どもの欲求が満たされて満足する経験と、人としてのまとまりと結びついて、快いものとして周囲から「人」が分化してきます。

宇宙に浮遊したような状態の欲求（子ども）が、宇宙の中に拠り所（＝人一般）を獲得します。他のものではない快さをもった人が出現したのですから、欲求（子どもの注意）は人に向けられることが多くなります（図2）。このときに、人（＝宇宙の拠り所）といっしょにいることは快いことを

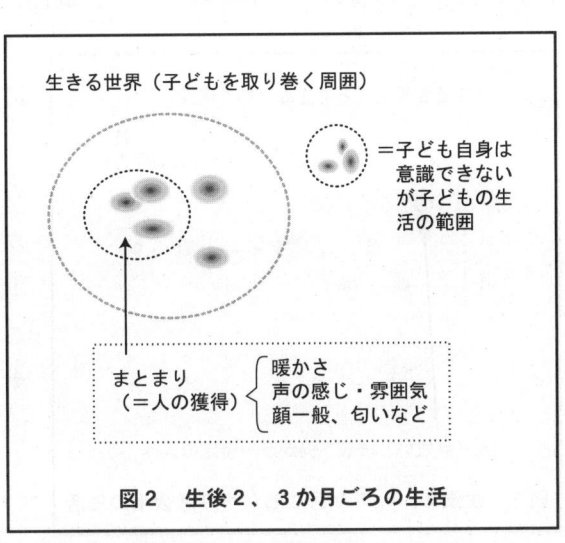

図2　生後2、3か月ごろの生活

十分に経験します。これは、人（＝宇宙、やがては共に生きていく一人ひとりとして自覚されるもの）への信頼感や、やがて意識することができる「自分の生きる世界」に対する信頼感、さらにまだ分化していない自分自身に対する信頼感の獲得へとつながる経験群となるものです。

（２）　０歳児の生活→特定の人の分化へ

生後２、３か月ころの生活において、子どもの注意が人に向かい、人と快い情感を共有し、最初の気持ちの通じ合いを経験することになります。

子どもは快い情感の共有を求めてまた、不快の解消を求めて人に向かううちに、人とのかかわりの濃淡を経験することになります。つまり、欲求が満たされるときと、そうでないときがあることに気づいていきます。こうして子どもは、その経験の感情状態と結びつけて人の区別をしていきます。人一般としてではなく、この人（＝特定の人群）を核として世界（周囲）に向かうようになります（図３参照）。直接に間接に、この特定の人群を核にして、周囲にかかわり、分化させてその意味を獲得することになります。たとえば、ガラガラとボールの違いの経験、そして、それがガラガラというもの、ボールというものであることを理解していきます。

ここで、子どもにとって重要なことは、子どもにかかわる人が向きを

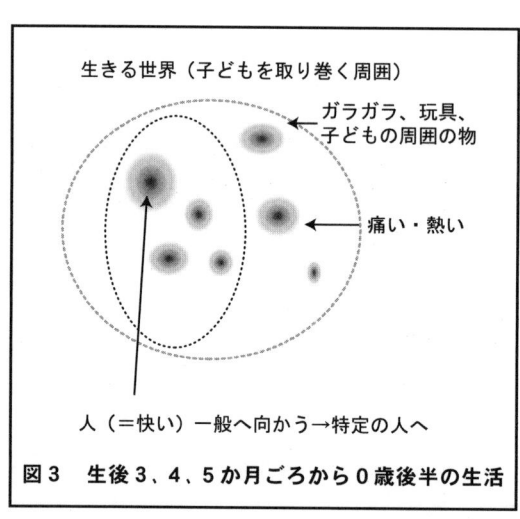

図３　生後３、４、５か月ごろから０歳後半の生活

もってかかわることはもちろんのこと、特定の人群とより深くかかわる経験をすることです。これは、特定の人群を核にして、世界に対する、そして自分自身に対する、より深いところでの喜びや信頼感の獲得への経験群と考えられるからです。0歳の前半が人や世界との広く浅い関係のあり方とするならば、0歳児後半から1歳の前半にかけてつまり人見知りの時期においては、狭く限られた人や世界とより深くかかわる関係のあり方へとつながる経験と考えることができるからです。

　人が関係の網目のなかに生きることを考えると、軸は「広く－狭く」という軸と、「浅く－深く」という軸で区切られる4つの面を考えることができます。1歳の誕生日を迎えるまでに、2つの面、つまり、誰とでも分け隔てなくという「広く浅い関係」と、限られた人と深くという「狭く限られた関係」を経験することになります。この関係の経験は、世界への向かい方（対人との、対ものとの関係）においてはもちろんのこと、自己が未分化で世界に埋没しているこの時期であることを考えると、自己のありよう（自分自身との出会い方）においても「浅く－広く」と「狭く－深く」を経験し、深く身体化されることになります。

　一方、運動能力の目覚しい発達にともない、つまり、よく身体を動かしながら、身体に気づいていく経験を重ねています。

(3)　1歳から2歳の生活→身体の獲得

　狭く限られた人を核にしながら、外界（周囲）とかかわり、ときに、いっしょに遊んでもらうことを通して、その周囲は意味をもち始めます。たとえば、いっしょに自動車で遊ぶことを繰り返しているうちに、その自動車はただの自動車ではなく、いっしょに遊んだ経験と結びついて「他のものから区別され、気持ちと結びついた楽しいもの」

になっていきます。そのものが この気持ちと結びついて、他から区別されるということは、所有するということを意識しはじめたと考えられます。このような行動が観察されるのが1歳過ぎから1歳半ごろにかけてです。

　これと少し遅れて観察されるのが、「身体」に関連するエピソードです。2歳前後の子どもに「〇〇ちゃん、かっこいいね。その帽子」とか、身に着けているものなどをほめると、さーっと鏡の前に走っていって、姿を写して、かっこうよさを確認しています。このように身体を獲得し、欲求との関係で外界を区別しはじめるのが、2歳代から3歳前後にかけてです。つまり、「誰のものでもない欲求」が、この

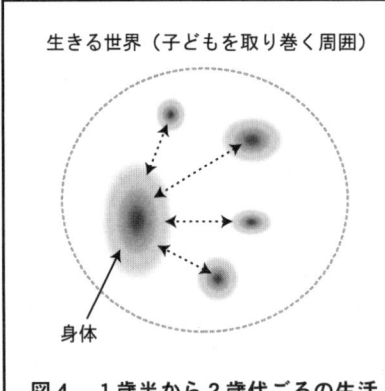

図4　1歳半から2歳代ごろの生活　　図5　2歳代から3歳前後の生活

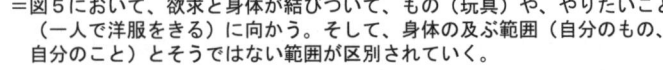

　　○　　＝子どもの生きる世界（子どもを取り巻く周囲）

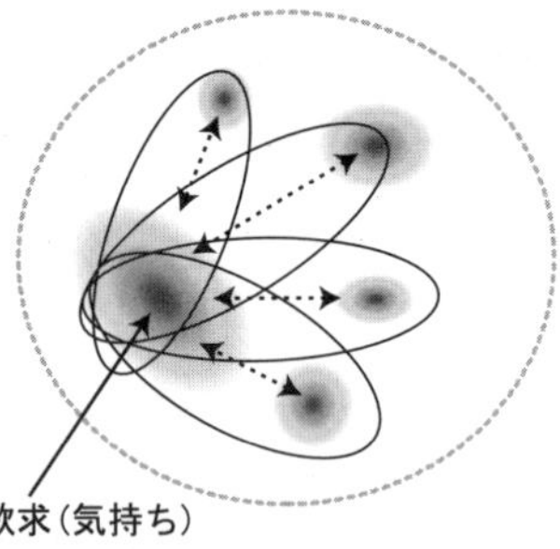

　　●　　＝子どもの向かうもの（たとえば、玩具とか、洋服を着るとか）

　　●　　＝身体（中心の濃い部分は欲求であるが図4ではそこがおぼろげである。しかし、他のものと区別されているので身体がものに向かう。このとき、気持ちは身体と物に二分されている）

　　◯　　＝図5において、欲求と身体が結びついて、もの（玩具）や、やりたいこと（一人で洋服をきる）に向かう。そして、身体の及ぶ範囲（自分のもの、自分のこと）とそうではない範囲が区別されていく。

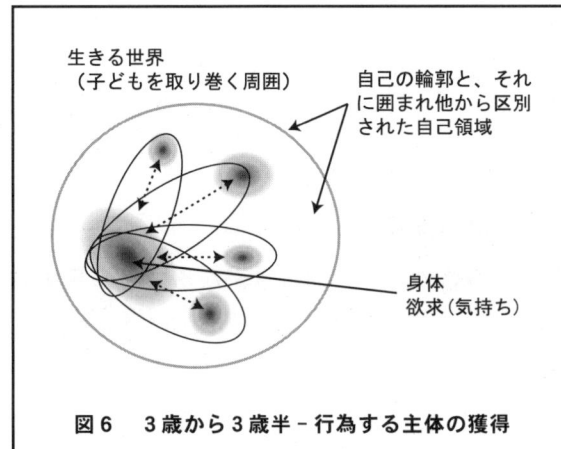

図6　3歳から3歳半－行為する主体の獲得

身体とおぼろげながら結びついてきます。欲求を満たすものとしての身体、他から区別されたものとしての身体を獲得していきます。

2歳代は、「自分で」とか「○○ちゃんが（自分の名前）」、「ひとりで」というように身体（自己が埋没している）が行為することに向かいます。こうして、身体と欲求の関係に気づいていきます。欲求を身体で満たし、行動すること（身体を動かすこと）が欲求をふくらませるという関係を形成します。この経験は、並行して欲求とは関係しないものやこと、身体の及ばないものやことのあることに気づいていく経験群でもあります。こうして身体を軸にして、自分に属するものやこととそうではないものやことの領域が分かれて自他の区別がついていきます。それと同時に、気づく主体としての自己が姿を現してきます（図6参照）。

この身体が、誰のものでもない欲求の主人公であること、つまり私の欲求であることに気づき始めた2、3歳ごろの姿を、実際の子どもの姿から見てみます。

2．自己の中心に気づき始めた子どもたちの姿

(1) ものを独占する（抱え込む）行動から

ここでは子どもたちにとって、身近な存在の一人である母親を表記

する「お母さん」ということばが、子どもたちにどのように定着していくのかを具体的なエピソードを通して見ていきます。そのなかで、2歳から3歳前後の子どもたちが「お母さん」ということばを独占しようとする（抱え込む）様子を見ていきます。

①「お母さん」ということばの獲得

ことばが獲得される過程を概略すると、お母さんなる人との具体的なやりとりが展開されて、その具体的なやりとりの場面と「おかあさん」という音声が結びついて「お母さん」ということばが獲得されます（図7参照）。こうして獲得された子どもたちのことばは、その最初において、その場の気持ちや情景と結びついていますが、多くの子どもたちにとって、「お母さん」ということばは、そのなかでも特別の意味をもっていると考えられます。つまり、この人との直接・間接的なやりとりを通して自分自身が存在するという、やりとりを通して満たされる切実な欲求と結びついた特別の人だからです。

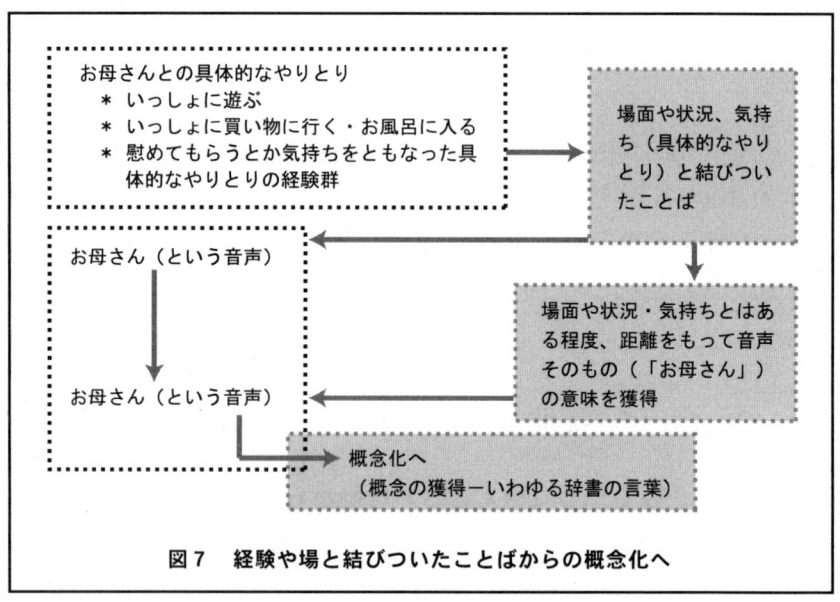

図7　経験や場と結びついたことばからの概念化へ

②「お母さん」ということばの独占(抱え込む)

エピソード 4　　ちがう、ことちゃんのお母さん

　朝、テーブルについているときに、てんぺい君(2歳11か月)が登園してきたこうた君の母親(先に入室してきた)を見つけて「こうた君のお母さん」と言う。するとてんぺい君の前に座っていることえちゃん(2歳4か月)が「ことちゃんのお母さん」と言う。てんぺい君「ちがう、ことちゃんのお母さんじゃない。こうた君のお母さん」と強く言う。それでもことえちゃんは「ちがう、ちがう、ことちゃんのお母さん」と言い、2人で言い合いになる。

エピソード 5　　ことちゃんのお母さん

　登園時、母親といっしょに登園してきたことえちゃん(2歳7か月)は、入り口近くで遊んでいるけい君(2歳7か月)に向かって自分の母親を指さしながら「これ、ことちゃんのお母さん」という。けい君も「ことちゃんのお母さん」とことえちゃんのお母さんであることを認めるが、ことえちゃんはしゃがみ込んで、けい君の顔を覗き込むようにして、何度も「ことちゃんのお母さん」と自分の母親は、自分しか言ってはいけないとでもいうように言い続ける。

PART 1　3歳児の世界

> **エピソード 6**　　なるちゃんのママは？
>
> 　新入園児のあすかちゃんが少し遅れて登園、その親子の様子を見ていたなるみちゃん（3歳0か月）が、少しして あすかちゃんの母親のいないことに気づいて、観察者に「あすかちゃんのママは？」と聞く。「あすかちゃんのママは、行ってきまーすって」と答えると、ニコニコして「なる（自分）ちゃんのママは？」と聞く。観察者が、「なるちゃんのママも行ってきまーす」と言うと、それを聞いていたひろき君（3歳0か月）も「ひろき（自分）のママは？」と聞いてくるので同じように答える。すると、なるみちゃんが「ひろきのママも学校」と答えて、続けて「すごく遠いんだよ」と窓の外を指さすと、ひろき君も「そうだよ。すごく遠くなの」と答える。

　エピソード4、5に見るように、ことえちゃんは、自分の経験と「お母さん」という音声が、分かちがたく結びついているので、「お母さん＝自分の母親」でありそれ以外はないとでも言うように「ことちゃんのお母さん」を主張します。そのことえちゃんが、2歳の後半では、「これはことえちゃんのお母さん」と、他の子にもお母さんがいることはわかるが、ここにいるのはことえちゃんのお母さんだから「お母さん」ということばは自分以外には言ってはいけないというように、「お母さん」ということばを独占します。

　ことえちゃんやエピソード6のなるみちゃんに見るように、「お母さん（ママ）」ということばを頼りに、朝の生活の代わり目、それは気持ちの切り替えどきでもあり、不安定になっていきやすい気持ちに、まとまりをもたせるかのように、「お母さん」ということばをしっかりと独占し、抱え込みます。

(2)　「ものを包む」行動から

　ものを抱え込む行動と少し遅れて、「ものを包み込む」行動が観察されます。ものを抱え込む（独占する）行動は、抱え込むものに込められた気持ちを抱え込む、つまりものに込められた気持ちを抱え込む（独占する）ことで、気持ちを自分のものにする経験群と位置づけられます。この経験群は、自己の核となる気持ち（欲求）を意識することにつながります。

　ここで、見ていく「ものを包み込む」行動は、ものに込められた気持ちを、より積極的に他から区別する行動として、あるいは曖昧になりそうな気持ちのまとまりを保つための行動としてとらえることができるのではないかと考えられます。

エピソード 7　これ、包んで

　こうたろう君（3歳2か月）が観察者にハンカチでクレーン車を包んでもらうのを見て、じゅんや君（3歳2か月）もまねて「包んで」と言う。言われるままに包んでいると、その様子を見たのか、さあやちゃん（3歳6か月）も「これ、包んで」とレプリカのハンバーグとハンカチを持ってくる。観察者が「いいよ。さーちゃんのハンバーグ」と言って包んでいると、近くにいたこうたろう君が、そのハンバーグを食べようとするので、観察者「さーちゃんのハンバーグ、食べられないように早く早く」と言いながら包んで渡すと、サーッとその場を離れていく。少ししてさあやちゃんがほどけたハンバーグを持って「これ、包んで」とまた来る。包んであげると、何回も何回も「これ、包んで」と言って包んでもらいに来る。

エピソード 8　　おべんとう

　こうたろう君（3歳1か月）がリュックを持って観察者のところに来る。そして、その前にしゃがんで、リュックの空いているチャックを閉める。それから別の場所のチャックを開けて、なかからハンカチに包んだ楕円形のものを取り出す。観察者が「それ、なに？」と聞くと「おべんとう」と言って、観察者の前にリュックを置いて、その包みを持って、少し離れたところで、布にブロックを包んでいるかなえちゃん（3歳5か月）のところへ行って、その様子を見ている。その2人の様子を見た、それまで包みを持って遊んでいたらしいさあやちゃん（3歳7か月）が「あ、おべんとうは？」と言いながら、自分のお弁当を探し出し、いつものように、バックを下げ、人形を抱えて、探し出した自分の弁当をあわてて抱える。

2 「自己の中心」を獲得するということ

> **エピソード 9　これ、貸してあげる**
>
> 　こうたろう君（3歳1か月）はクレーン車を包んで持って歩いていて、絵本を見つける。絵本を持って「これ、読んで」と言いながら、観察者のところへ来る途中、けんたろう君（3歳6か月）に「これ（クレーン車を包んだもの）貸してあげる」と渡す。さっきは貸してと言われて断っていたが。もうひとつのハンカチで包んだりんごを、けんたろう君のそばにいたりなちゃん（3歳7か月）に「これ、貸してあげる」と渡す。大事そうに持っていた2つの包みを他の子どもにあげて、絵本を持って観察者のひざに座り読んでもらう。そのうち他の3、4人の子どもたちがわいわい寄ってきて、みんなで聞いている。
>
> 　こうたろう君（3歳1か月）は観察者に、数人の子どもたちといっしょに、絵本を読んでもらう。読み終わると離れていく。少ししてから戻ってきて「もう1回読んで」と言う。今度は一人で何回も何回も同じ絵本を読んでもらう。「かくしたのだーれ」という絵本の一文を読むと、指しながら応えている。そのうちわざとちがうものを指さして、そして「あはは……」と笑う。それを見てそばにいたつかさちゃん（3歳1か月）が、亀の絵を指さして「ケロピー」と言うと、こうたろう君はわざとちがう答えを言っているというように、ニコニコしながら亀という答えを待っている。

　エピソード7のこうたろう君は、保育室には1つしかないミニカーのクレーン車がお気に入りで、他の子と取り合いになることが多い。このときは、その大好きなクレーン車を自分のものにすることができ

た。そこでしっかりと包んで他のものと区別すると同時に、自分のものにすることを意識的にしていると考えられます。また、同じくさあやちゃんは、大好きなハンバーグを「さーちゃんのハンバーグ、食べられないように早く（包もう＝さあやちゃんのものにしよう）」と包んであげると、その気持ちを確認するかのように、何回も何回も「包んで（私の大好きなハンバーグを自分だけのものにする）」と言う。

　また、エピソード8のこうたろう君は、気持ちの込められたものをリュックのなかに詰め込んで、そのなかにさらに包み込んだ弁当も入れている。ものに込められた気持ちの濃淡が理解できます。そのなかの弁当の包みだけを持って、かなえちゃんがブロック（ブロックに込められた気持ちを自分のものにする）を包んでいる様子を見ています。その様子を見たさあやちゃんが、それまでは弁当の包みを忘れて、遊びに没頭していた（欲求のなかに埋没していた）のですが、他の子の包み込むのを見て、自分の包み（気持ち）を意識して「おべんとうは」と探し出して抱えて、遊び始めます。

　さらに、エピソード9のこうたろう君は、絵本を読んでもらいたい、そしてその欲求をかなえてくれる人がいます。するとさっきは「貸して（クレーン車を包んだもの＝こうたろう君の気持ちが込められたもの）」と言われても譲ることができなかったが、今、絵本を見つけて自分の欲求が満たされることが予想されると、つまり自分の気持ちが満たされることがはっきりすると「これ、貸してあげる」と言うことができます。

　エピソード8、9から、欲求のなかに埋没しているとき、つまり遊び込んでいるときには、自分の気持ちは意識しなくてもよく、また気持ちを抱え込まなくてもよいようです。しかし、朝の不安定なとき、思うような遊びがなかなか見つからないときなどは、気持ちを抱え込

まなければ、自己としてのまとまりが曖昧になってしまい、不安定の渦に巻き込まれていくのではないかと考えられます。

このように、包み込むことと気持ち（自己の中核）の関係について考えてくると、安定した状態がいつでも約束されていると、気持ちを確認する必要がなく、なかなか自己の中核をなす気持ちに気づきにくいということが考えられます。子どもの生活は、基本的には安心できる場所や人が重要ですが、そのうえで、気持ちを意識できる、気持ちと現実のズレの経験をもたらす子どもたち同士の生活が意味をもってくると考えられます。

（3）「ものを埋める」行動について

ものを包み込むこととは反対に、ものを埋めて見えなくする行動も観察されます。発達のいつごろの時期から観察されるかは、はっきりしませんが、3歳児クラスでは見られます。たとえば、砂場に大きな穴をほって、そこに手当たり次第、あたりにある道具を放り投げて、砂をかぶせて埋めて平らにしてしまうとか、砂場で遊び込んでいて片づけの時間になり、みんなが片づけ始めると、使っていた道具をその場に埋めることをします。

エピソード10のみずきちゃんは、玩具や道具ではなく、自分の手を埋めては出しています。この行動は、抱え込む（独占）や包むということが、見えないもの（欲求＝気持ち）を見えるもの（玩具など）に置き換えて、目には見えない気持ちをかたちづくる（意識する）行動であると考えますと、ものを埋めては出すということは、「見えないけれどもある」ということに気づき出した行動とも考えられます。

みずきちゃんの手は、（砂の中に埋まっていて）見えていないけれども、自分の手がなくなったわけではなくあることは実感できています。そして、実際に砂の中から、手を取り出して見て、あることを確

かめていると考えられます。このように、見えないけれどもある、あるけれども見えないということに気づいていくと考えられます。

> **エピソード 10　ほら、あるよ**
>
> 　砂場、みずきちゃん（3歳10か月）が一人しゃがんで自分の片手を砂に埋めては出している。何回も繰り返しているので、観察者が「あ、みーちゃんの手がない」と言うと、あわてて出して「ほら」といって観察者に見せて笑う。観察者が「あー、びっくりした。みーちゃんの手がなくなってしまったのかと思った」と言うと、今度は観察者の驚くことを予想して、大急ぎで片手を埋める。そのみずきちゃんの期待通りに観察者が「あ、また、なくなった」と言うと、待ってましたとばかりに手を砂の中から勢いよく出して、笑いながら砂の中から出した手を観察者の目の前にかざす。

　これがエピソード11の4歳児クラスのじゅんこちゃんは、見えないけれどもあることをことばで表現しています。

> **エピソード 11**　見てもないけどビリビリするの
>
> 　じゅんこちゃん（5歳6か月）は、姿勢を悪くして座っている。突然に座りなおして足の裏を見ている。そして触っている。そして、観察者に「足がビリビリする。そこ（ビリビリするところ）見ても何にもないけどビリビリするの」と言う。次の日も同じように姿勢を悪くして座って絵を描いている。そして「あ、またビリビリ君だ」と言う。今度は観察者が「見せて、ビリビリ君」と言うと、「見てもないけど、ビリビリするの」と言いながら足の裏を見せてくれるので「これは、しびれるっていうんだよ」と言うが、何も反応がなく絵を描くことに夢中である。

3　3歳児の自己　－欲求の論理－

　これまで、具体的な子どもの姿を読み解きながら、「自己」がかたちづくられる様子を見てきました。自己が獲得されるということは、人が人として生きていくための基本的な枠組が獲得されたということです。

　人が生きるために必要なものとして、第一に、生きることを支える原動力＝欲求（気持ち）があげられます。この欲求（気持ち）の育ちは、生きることの意味や豊かさを約束するものです。次に、生きる場所である身体があげられます。身体は生きる場（拠って立つところ）です。人は生きる場所としての身体の、機能的なものを発達させます。

　身体は、今のここの世界で、その世界（周囲）に向かう方向（内側と外側）をつくりだします。そして、身体は、自他を分けて欲求の及ぶ

範囲(自己の領域)を獲得していきます。欲求と身体の関係を獲得しながら、時間の流れのなかでの「自己のまとまり(自己同一性)」を獲得していくことになります。

このように、身体を中心にした自己の領域が閉じること(他から区別されること)、その領域の中心となる欲求(気持ち)に気づいて、この閉じられた領域や身体の中心には欲求(気持ち)があり、それを所有しているのは「私」であるということに気づくことが、最初の自己の獲得と考えられます。

主語をもっていなかった、そして言ってみれば宇宙に漂っているような状態であった「生きようとする欲求」は、その生きる場所(身体を中心とした身体の及ぶ範囲=自己の領域)を獲得し、欲求の持ち主である「私」になります。

このように考えると、自己を獲得するということは、世界に向かう視点、つまり、自己の中心を獲得したということでもあります。

自己の中心を獲得した3歳児の自己像は、次のようになります。

エピソード群　3歳児の「自己」に関するエピソード群の整理

①保育者のピアノに合わせみんなでうたっている。隣りの子が大きな声でうたっているのに気づいて、自分も負けじと大きな声でうたう。いつのまにか、全員で大きな張り裂けるような声でうたい、大きな声を出すことを張り合う。

②他の子がほめられると、「○○君も」と自分もそうであることを主張する。

③△△ちゃんが時間をかけてブロックで大作を作り、観察者に見せに来るので、「かっこいいね」とほめると、〇〇君がすかさず「かっこよくない。〇〇君がかっこいい」と自分の作っているもののほうがかっこいいと主張する。

④保育室の隅の場所を確保して「〇〇が1番」と自分が1番であることを他に知らせ「1番」を争う。言われた子は1番ではないが「(自分)が1番」と2人で「1番」を言い争う。

⑤〇〇君と××君がもめている。気持ちが治まらない〇〇君は××君を打つ。打たれた××君は「全然痛くない」と答えると、打った〇〇君は悔しそうにもう1回打つ。すると打たれた××君は「〇〇君ちゃんのはいつも、全然痛くない」とやり返す。打った〇〇君は泣き出さんばかりに悔しがる。

⑥園庭で遊んでいる。今日、誕生日を迎えた〇〇ちゃんが、観察者のところに寄ってきて、誕生日を迎えた子がその日一日つけられるワッペンを見せながら「4歳になった」と得意そうに言う。観察者が「どれどれ、4歳になったところを見せて」と言うと、観察者の前に気をつけをして見せる。

⑦「見てて」と登り棒の高いところまでスルスルと登って行って、下で見上げている観察者のほうを見て「すごいでしょ」と言うように笑いかける。

以上3歳児クラスの自己に関連してよく観察される子どもの姿を描写してきました。これらの特徴を整理すると次のようになります。

①自分の、時間の流れのなかで、「前より大きくなった」「できるようになった」「早く走れるようになった」など、今より前の自分と今の自分では、今の自分が優れていることを意識する。それは、大きくなること、できること、速く走ることはよいことであるとするものです。また、

②みんなのなかで、二者関係のなかで、他や相手より優れていることを求めます。それは「声が大きいこと」「かっこうよくつくれること」「強い―痛くない」などはよいことであり、そして、

③みんなのなかで「○○（自分）が１番（自分は特別）」でありたい。他から区別された「○○（自分）」はよいものであり優れていると思っています。

　以上から、他と区別される領域をもった自己は、時間の流れのなかで「大きくなること」を肯定的にとらえ、そして他より優れているという有能感や全能感にあふれた３歳児の姿が浮き彫りにされてきます。

　以下、大きくなったことや大きくなることを肯定的にとらえ（自己肯定感）、そして、何でも思うようにできるという世界観（欲求の論理）をもっている３歳児の世界を、子ども同士のかかわりという視点から見ていくことにします。

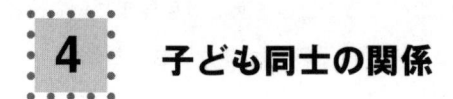

4　子ども同士の関係

１．みんなのものから「自分のもの」への手続き
－場所の所有－

（１）約束事への気づき－「入れて－いいよ（だめよ）」

　自己の中心（欲求）を獲得し、その欲求の主人公になった３歳児は、自分の中心（欲求）との関係で周囲を意味づけていきます。たとえば、保育室は、キリン組（３歳児クラス）のみんなの場所であり、自分だけの場所ではないことは理解できます。

　この保育室の、それまでは何でもなかった場所が、誰かが「取った」

と言ってその場所に座ったときから、その場所は「取った」と言った子どもの場所を意味することになります。そして、その場所がその子のものであることは、他の子どもたちにも共有されます。「取った」と言うことで、いわゆるみんなのものであった場所が、そのときから自己（取った子どもに視点を当てると）の支配領域（閉じられた内側）になると考えられます。

エピソード 12　入れて—いいよ ①

　給食がすんだ子どもたちは、午睡までの時間を思い思いに過ごしている。パジャマに着替えたまさたか君（3歳5か月）が、保育室の後ろの壁の前に行って「取った」と言って座る。そこへゆうた君（3歳11か月）が「入れて」と言って寄っていく。まさたか君はうれしそうに大きな声で「いいよ」と答えると、ゆうた君は、まさたか君にピッタリとくっついて座っている。そして、ニコニコしてあたりを見まわしている。他の子が、そばを通りかかるだけで「だめ」とゆうた君が断る。

　エピソード12のまさたか君は、保育室の、後ろの壁のある場所を自分たちの場所として「取って」います。

　その様子を見たゆうた君が、まさたか君の取った場所に引きつけられていきます。それは、ここしばらく、この時間になると、パジャマを早く着替えた子どもが、「取った」と言って始められている遊びで、その遊びの楽しさは、みんな十分に経験しているからです。

　これより少しまえの過程では、黙って隣りに座るということが通常で、うまく座れることもありますし、押されてもめることもありました。しかし、自他の区別がついてお互いにそれぞれの領域を認めて生

活をしはじめた3歳児は、自分のものではない相手の場所に、何も言わないで参加することができなくなっています。他の人の場所（自分のものではない質の異なる空間）に入るためには「入れて」－「いいよ」の約束事が必要になります。異質の空間を自在に行き来することに抵抗を覚え、異質の空間同士を結ぶ手続きが必要になります。

このようにして、人と人との間をつなぐ約束事（ルール）に気づいた子どもたちは、そのルールの意味を確認するかのように、「入れて－いいよ（だめよ）ごっこ」と呼んでもいいような遊びを繰り返します。まさたか君のクラスでは、まるで「入れて－いいよ（だめよ）」の約束事を練習しているかのように、午睡のまえの時間にしばらく、この遊びが続きました。エピソード13のように、クラス中で「入れて」ということば（約束事）のもつ威力、「いいよ（だめよ）」ということばのもつ威力、つまり、相手の「いいよ」ということばで、自分ではない他の場所に参加し、「だめよ」ということばで参加できない、自分の欲求を越えたところの約束事に従うことを経験します。

このことは、最初に場所を獲得した「いいよ」と言う側の子どもにとっては、自分とは異なる他の子を自分の思いのままにコントロールできることば（約束事）の威力ということになります。「入れて」という側の子どもにとっては、相手の思いのなかで欲求がかなえられたり、かなえられなかったりということを経験することになります。毎日の遊びのなかで、いつも入れてというばかりでがなく、ときには「いいよ（だめよ）」という側の経験もしています。つまり、日々、この立場は逆転して経験されることが重要になります。

この場所の所有をめぐって「内側と外側を分ける経験」、さらにその分けられたもの同士をつなぐ「約束事」の経験群は、人との関係のもち方や、仲間意識へと連続していく経験群として位置づけられます。

エピソード 13　　入れてーいいよ ②

　ゆうた君（4歳0か月）がパジャマに着替え終わって大急ぎで保育室の隅にかけより「取った」と言って座る。それを見たりょうすけ君（3歳10か月）が急いでパジャマのボタンをはめてかけより「入れて」と言うと、ゆうた君は待ってましたとばかりに「いいよ」と大きな声で答え、りょうすけ君はゆうた君の隣に座る。次々に着替えた子がそこへ行って「入れて」と言うと、先に座っていた子たちは、そのことばをニコニコしながら聞いて、言い終わるやいなや声をそろえて「いいよ」という。クラス全員の子がそこに座ることもある。

　ときに、「だめよ」と相談したわけではないが声をそろえていうこともある。言われた子の顔がこわばっていく。そばにいた観察者が、断られた子どもに「私といっしょに座ろう」と誘うがその誘いを断って、そのまえに立ち続けている。みんなはニコニコして「だめよ」を言いつづける。全員がパジャマに着替え終わり、保育者の「ホールに行きますよ」の声に一斉に立ちあがり「入れてーいいよ」の遊びが終わる。

（2）欲求の論理－「優れていたい（よくありたい）」欲求

　自己の領域とその中心を獲得した子ども同士の間の問題として、間をつなぐものとしての約束事を見てきました。この約束事の世界は、自己の中心（自分の気持ち）から周囲を見ると、快いことばかりではありません。他の子の場所に入りたいのに、「だめよ」と断られれば

欲求を断念しなければなりません。それは自他の境界を獲得した今、相手を自分とは異なる存在として認識できるからです。しかし、欲求が強力になると自他の境目が曖昧になり、約束事が意味を失い、欲求のままに行動することが多く見られます。

　ここでは、約束事に従って関係を切り結びたい、しかし相手より優位でありたい3歳児の姿をエピソード14、15に従って見てみます。

> **エピソード 14**　　いやだ、ぼくが先
>
> 　保育室、ゆうた君（4歳0か月）が「取った」と言いながら部屋の隅（しばしば、ここは取り合いになる）に行く。そばに観察者がいたので、すぐ「入れて」というと「いいよ」と答える。そのすぐ後にりょうすけ君（3歳10か月）が「入れてって言って」とゆうた君に言いながら入ってくる。ゆうた君は「いやだ、ぼくが先」と断る。するとりょうすけ君はゆうた君のほっぺをつねる。そばの観察者が「先にゆうた君がいて、その後にりょうすけ君が来たのだから、りょうすけ君が入れてって言うんでしょ」と言うと「いやだ」と観察者を蹴って逃げていく。

　先に3歳児の自己像で確認したように、大きくなったことや強いことなどは、3歳児の有能感や全能感を支えるものでした。エピソード14のゆうた君は、「入れて」と言うのは、先（1番）に場所を所有したぼくが言うのではなく、後（1番ではない）に来たりょうすけ君が言うことだから、「いやだ、ぼくが先（1番）」と主張します。後から行ったりょうすけ君が、優位であり続ける（1番になる）ためには、ゆうた君に「入れてって言って」、つまり、自分が「先にここにいた」ことにしてということになります。

> **エピソード 15　入れてって言って**
>
> 　保育室の後ろ、玩具置場の横の狭いところにゆうた君（3歳10か月）が入っている。そこをかずま君（4歳2か月）が通ると、ゆうた君はかずま君に「入れてって言って」と言うと、かずま君は「いいよ（入りたくない）」と断る。ゆうた君は何回も「入れてって言って」と言うように催促すると、かずま君は、しぶしぶ「入れて」と言う。それを聞いてゆうた君はニコニコして「いいよ」と答える。かずま君はゆうた君の隣りに腰を下ろす。そして、今度はかずま君が「入れてって言って」とゆうた君に催促するとゆうた君は「いいよ（言いたくない）」と断る。すると、かずま君が何回も「入れてって言って」と言うとゆうた君はしぶしぶ「入れて」と言う。かずま君は「いいよ」と答えて満足そうにする。

　また、エピソード15のかずま君は、不本意ながらゆうた君の誘いに乗って「入れて（1番ではない）」ということになります。しかし、優れていたい自己からすると、1番でないことに甘んじるわけにいきません。そこで、相手の内側に入ってしまっていますが「入れてと言って」と相手（ゆうた君）に催促して、しぶしぶであるが言わせて決着をつけます。

　このやりとりを通して、ゆうた君の場所（ゆうた君の内側）が、かずま君の場所（かずま君の内側）になり、お互いにその場所の1番になることができます。

　1番にその場所を所有するという事実は1つしかないのですが、お互いに1番でありたい欲求（優れていたい欲求）が、「入れて―いいよ」と言い合うことで満たされることになります。1番が1つしかないという事実よりも、お互いが1番でありたいという欲求が優先する3歳児の姿がここにあります。

このようなことから、3歳児においては、本来は同じではない欲求と現実が、お互いに「入れてーいいよ」と言い合う手続きを踏むことで、「こうありたい（欲求）＝ある（現実）」にするという欲求の論理が支配するという世界にいることになります。

2．いっしょに遊ぶ

　自己の領域が閉じて、それぞれの自己が、その閉じたもの同士の間に意識的に向かうこの時期において、「入れてーいいよ」の約束事は、場所の所有のみならず、子ども同士の遊びにおいても、その関係の成立に大きな影響を与えています。
　最初に、3歳児クラスの子どもたち同士の遊びの姿を見て、次に子ども同士の遊びが成立するまでの過程を整理し、それから、3歳児の子どもたち同士の遊びが成立する条件を考えて行きます。

（1）子ども同士での遊びの姿

　エピソード16、17に見るように、他の子たちが遊んでいるところに、後から参加することはなかなかむずかしいことがあるようです。遊びの独占といったところでしょうか。そこで同じもの（玩具・道具）をもって、同じように行動する（遊びへの思いを同じくしてきた）ことでつくりあげられた空間に、後から入り込んでくる子どもは、そのつくりあげられた楽しみを共有していないということから、その違和感を受け入れられないというところでしょうか。できるだけ、違和感をなくすように、「これ（遊び道具）がないとだめ」と同じものをもつよう要求してみるが、その違和感は解消されない。そこで、エピソード16のれいちゃんは「お水、くんであげない」と今の楽しみという視点ではなく、「水を使って遊ぶともっともっとおもしろくなるよ。前に遊んだときそうだったじゃない？」とその遊びの展開して行く先と

いう視点から提案をします。すると、今、ここにこだわっていた2人に少し先の遊びの未来がイメージできて、つまり、3人で視点を共有することで違和感が解消されます。そして、遊びへの参加は、「今、ここ」での出来事であるので、「入れて－いいよ」のやりとりをしてからの参加になります。

エピソード 16　じゃ、お水、くんであげない

　ゆうた君（4歳2か月）とてつや君（3歳11か月）が、砂場で穴を掘っているところへ、れいちゃん（4歳3か月）が寄っていき「入れて」と言うと、2人で声をそろえて「だめよ」と言う。れいちゃんがシャベルを持っているのを見て、ゆうた君が「シャベルごっこじゃないから」と遊びの種類が違うから入れてあげないという。断られて少しの間、そこで2人の遊びを見ていたれいちゃんが「じゃ、お水、くんであげない」と言う。するとあわてたゆうた君が「じゃ、いいよ」と答える。れいちゃんはさっそく水をバケツにくんで持ってくる。そして「持ってきた」とくんできた水をゆうた君に渡して、それから「入れて」と言う。ゆうた君は「いいよ」と答えて、れいちゃんは、砂場遊びの仲間に加わる。

4 子ども同士の関係

エピソード 17　本当に入れて

　てつや君（3歳11か月）とゆうき君（3歳11か月）が砂場で遊んでいる。そこへゆかちゃん（4歳2か月）が「入れて」と言うと2人が口をそろえて「だめよ」と答える。するとゆかちゃんが「本当に入れて」と仲間に入れてもらう交渉をしている間に、ひろお君（4歳6か月）は何も言わずにスーッと入る。ゆうき君がゆかちゃんに「だめ、シャベル持ってきて」と言うとゆかちゃんが砂場のあちこちを歩いてシャベルを見つけて「あった、シャベル、入れて」と言うとゆうき君は「いいよ」と答えるが、てつや君は「だめ、これ（ちりとりみたいな砂をすくう道具、3人はシャベルとそれを使って遊んでいる）もないとだめ」と言われ探すがその辺にはない。観察者も手伝って道具を入れている小屋まで探しに行くとあったので喜んで戻り、「入れて」と大きな声で言うと、てつや君は「だめ、女はだめ、女は（この遊びの仲間には）いない」と断る。ゆかちゃんの顔が曇る。観察者が「いいでしょ、みんなと同じ道具を一生懸命に探してきたんだよ」と言うとゆかちゃんも「いいでしょ」。てつや君は「だめ」と断る。観察者は「てつや君はケチ、ゆうき君はいいって言ったよ」と言うとなおも「だめ、鍵かけた、ガチャガチャ」とゆかちゃんの前で鍵をかけるまねをする。観察者が「こっちのゆうき君のところに入れてもらえばいいよ」と言うと、てつや君があわてて「ピンポーンって言って」と言い、ゆかちゃんが大きな声で「ピンポーン」と言うとてつや君は言い終わるのを待ってすぐ「どうぞ、いいよ」と言う。ようやく望みがかなってゆかちゃんは喜んで仲間に入る。ゆかちゃんがなかに入るとすぐてつや君は、ガチャガチャと言って観察者の前で鍵をしめて4人で遊び始める。

エピソード17のゆかちゃんは、あくまでも「今、ここ」の視点から相手の遊びたいことを言い続けます。遊びに入りたい気持ちを「本当に入れて」ということばで言いますが、ゆかちゃんの心底からの願いのことばでも、遊びの内側と外側の違和感は解消されないようです。ゆかちゃんの努力を越えたことまで、つまり「女はだめ」ということまで要求されます。すでに形成された遊び空間（他の子の遊び）に、後から参加することは相当にむずかしいようです。それは、いっしょに行動し楽しさが共有されることで、つまり、同質になることで、遊び空間が形成されるということです。そこにいなかったことは、この空間の外であり、異質（いっしょに遊んでいない）なものであり、その異質を約束事に従って、受け入れるという心の広さはまだむずかしいようです。

このような欲求の論理に基づいて日々の生活をしている3歳児においては、欲求を十分に表現しながら、内側と外側、つまり自分はどういう欲求をもっているのかを意識する経験をする一方で、一人ひとりの子どもがそれぞれの遊びを十分に遊び込んで、そしてときには大人がいっしょに遊ぶことで、遊びの楽しさと、そのバリエーションを十分に経験することが重要になります。そうすることで（エピソード16のれいちゃんのように）、遊びの楽しさの見通しをもつことができ、先の視点から遊びの提案をすることで、いっしょに遊ぶことができるようになっていきます。

(2) 子ども同士の遊びが成立する過程

(1)に見た3歳児の遊びの姿は、3歳という年齢で現れるのではなく、そこに至る経験群があります。ですから、幼稚園などで3歳児から集団で生活を始める子どもたちはもう少し異なった様相を示すことになるかと思います。しかし、子どもたち同士での遊びが成立してく

る筋道は共通と考えますので、ここで、子ども同士で遊びが展開されるようになるために、どのような経験を積んできているのか整理します。

①人といっしょにいることの快さ（快い情感の共有）の経験

2の1．自己の中心に気づいていく過程（p.21〜）のところで詳しく述べましたが、人は、生まれたそのときは、内外未分化の状態にあります。この状態から、周囲とのかかわりを通して内外を分化させていく過程が、発達することであるとも考えられます。この内外を、あるいは外界を分化させる原動力は、快くなる経験（不快が解消される経験、より快くなっていく経験）であると考えられます。「快さ」は、その最初においておもに、生理的な欲求を満たすことから始まります。その欲求が充足される過程において、人とのかかわりがあります。これらの経験を重ねるうちに、欲求が満たされて快くなっていく過程と、そのときに世話してくれる人が結びついて、人といっしょにいることは快いということを学習します。人といっしょにいることが快いということを、おおよそ生後3か月ごろまでに学習します。このことは、たとえば、赤ちゃんのまえでガラガラを振ってあやすと、2か月ごろまではガラガラを見て喜びます。しかし、人といっしょにいることが快いということを獲得した子どもは、同じような場面で、ガラガラを振っている人のほうを見て喜びます。

生後の2、3か月という時期は、ほとんど寝てばかりいるような時期で、生きていくうえで必要な基本的な欲求を満足することができればそれでよいような感じを受けますが、快い情感の共有を求めて人とかかわることを始める最初の時期です。十二分に快い情感の共有の経験をすることが重要になります。

② ものとかかわる－十分に探索活動を

　もう一方の子どもの外界を取り巻くものとの関係を見ていきます。内外未分化の状態において、人としてわかっているのかどうか曖昧ですが、とにかく人に注意を引きつけられるようです。ものは、子どもの働きかけに合わせて応答できないこともあり、人より遅れて獲得されると考えられます。子どもの発達過程において、ものがものとして頻繁に現れてくるのは、０歳の後半あたりからです。つまり、子どもが移動する力を獲得して（はいはいできるようになって）から、ものとのかかわりが多くなります。もちろん、子どもの欲求を満たしてくれる大人の存在に支えられて、身体を使ってものにかかわっていきます。具体的には、玩具をなめたり振ったり打ちつけたり転がしたり、引っかいたりというかかわりです。いわゆる黙々と一人で遊ぶという姿です。

　このとき、子どもが経験していることを図８に従って説明します。一人で黙々と遊びながら、子どもは自身の五感を通して自動車で遊んだときの感覚、ボールで遊んだときの感覚を自分のものにし、それらの違いを獲得します。しかし、それが自動車であることや、その自動車での遊び方などは、そのものの名前や遊び方を知っている人と遊ぶことを通して、それが自動車であることや、その遊び方を獲得していきます。つまり、感覚したものの意味を獲得していくということになります。子どもにかかわる大人が、喜びをもって楽しく遊ぶことを通して、ものとかかわることの意味（楽しさや喜び）を獲得していきます。こうして、子どもは喜びや楽しさを求めてますます活発に活動します。

　これらと並行して、集団で生活している子どもたちは、他の子どもへも注意が向かいます。たとえば、小さい子どものうえに乗っかって

4 子ども同士の関係

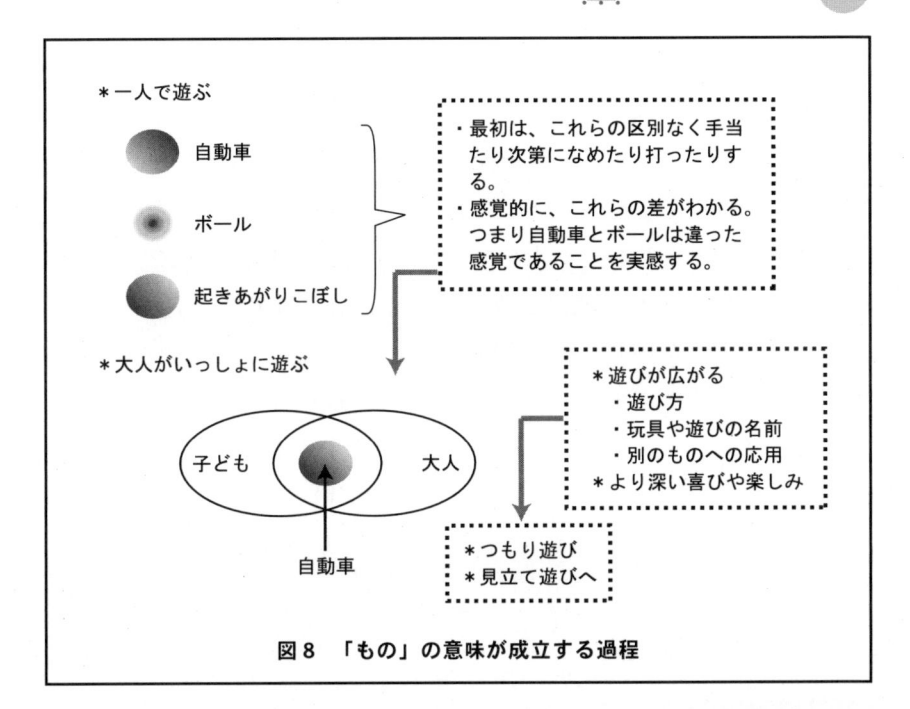

```
*一人で遊ぶ
    自動車         ・最初は、これらの区別なく手当
                    たり次第になめたり打ったりす
    ボール          る。
                  ・感覚的に、これらの差がわかる。
    起きあがりこぼし    つまり自動車とボールは違った
                    感覚であることを実感する。

*大人がいっしょに遊ぶ
                              *遊びが広がる
                               ・遊び方
    子ども  大人                 ・玩具や遊びの名前
                               ・別のものへの応用
                              *より深い喜びや楽しみ
         自動車
                              *つもり遊び
                              *見立て遊びへ
```

図8 「もの」の意味が成立する過程

みたり、他の子がもっている玩具をめがけてはっていって取り上げたりしますが、所有意識（1歳過ぎから1歳半ごろ）が芽生えるまでは、激しい取り合いなどのトラブルは展開されないようです。また、大人と他の子が遊んでいる場面を見て喜んだりしています。

さらに、この時期に「ものを放る」という行動も観察されます。持っている玩具を窓の外や柵の外に放り、その放り投げたものを見、また放っては見ているということを繰り返します。まるで自分の行為の結果を確認するかのように、繰り返し放る、そして見ているという行動が観察されます。ものと動作することの関係、つまり原因－結果（働きかけの効果）がおぼろげながら輪郭をもちだしたということでしょうか。

③ 「場」がつくりだす感情の共有

　子どもは、内外未分化の状態から、人を分化させて、人といっしょにいることの快さを求めて人とかかわり、快い情感の共有を通して最初の「人と通じ合う経験」をします。この快い情感の共有が原動力となって、ものとかかわり、人を介してものとかかわり、あるいはものを介して人とかかわる経験を重ねていくことになります。

　ここまでの「人」は、子どもがかかわっているものやことの意味を付与してくれる人ですから、同じような年齢の子どもではその役割が果たせません。ここまでの過程の、おおよその年齢の目安は、1歳前後といったところでしょうか。子ども同士がいっしょにいることに積極的な意味をもちだすのは、これ以降、つまり1歳前後から後ということになります。

　＊「楽しさの渦」

> **エピソード 18　やりもらい**
>
> 　朝の保育室、けいちゃん（1歳3か月）がそばにあったぬいぐるみを拾い、そこを通りかかったともや君（1歳6か月）に「はい」と言って渡すと、ともや君は「はい」と言って受け取り、そして、自分の持っていた玩具をけいちゃんに渡す。2人はお互いに「はい」「はい」と言って持っている物を渡し合う。それを見ていた、かおりちゃん（1歳2か月）も寄っていって、そばに落ちていた玩具を拾って「はい」と言って渡して、3人でうれしそうに物のやりとりを楽しむ。

　エピソード18のように、子ども同士でもののやりもらい遊びが成立するためには、少なくとも次の3点が必要になります。

4 子ども同士の関係

＊大人との間で、やりもらいの動作の楽しさ（楽しい気持ちのやりとり）を十分に経験していること。
＊物と自分の関係（働きかけの効果）を経験していること。
＊その動作を誘発する玩具・遊具が周囲にあること。

　このやりもらい遊びは、ものを介して、その場の楽しい気持ちが共有されるということで、子ども同士を出会わせる基盤となる経験群と考えられます。

　＊「怒りの渦」

> **エピソード 19　思うようにいかない ①**
>
> 　けいちゃん（1歳5か月）がブロックを組み合わせているそばで、れいちゃん（1歳7か月）が「はい」と言って次々にけいちゃんにブロックを渡す。けいちゃんは当然のように渡されるブロックを受け取り、何やら組み立てている。組み立てている最中、そのブロックが外れて落ちる。けいちゃんは、泣きながら足をばたばたさせて怒る。ブロックを拾ったれいちゃんはさっきの続きのように「はい」と拾ったブロックを渡すと、けいちゃんは、それを受け取り、何ごともなかったように、また組み立て始める。

エピソード 20　思うようにいかない ②

　ゆうすけ君（1歳7か月）が部屋の中央でブロックを横に長くつなげて、そのまえの部分に人形の形をしたブロックを苦労してはめる。そしてできあがったものを窓の桟のところで桟をレールに見立てて走らせている。

　それまでゆうすけ君のそばで同じようにブロックを横につなげていたじゅんや君（1歳7か月）が、ゆうすけ君のところに寄っていって、ゆうすけ君が運転手に見立てている人形の形をしたブロックを取ろうとする。

　2人で人形のブロックを取り合い、もともと持っていたゆうすけ君が手にする。取り損ねたじゅんや君がうつぶせになって大泣きをする。その様子を少しの間、ボーッと見ていたゆうすけ君が「はい」と人形のブロックを泣いているじゅんや君に渡す。じゅんや君は、それを受け取りブロックの続きをし、ゆうすけ君は人形なしでさっきの続きをする。

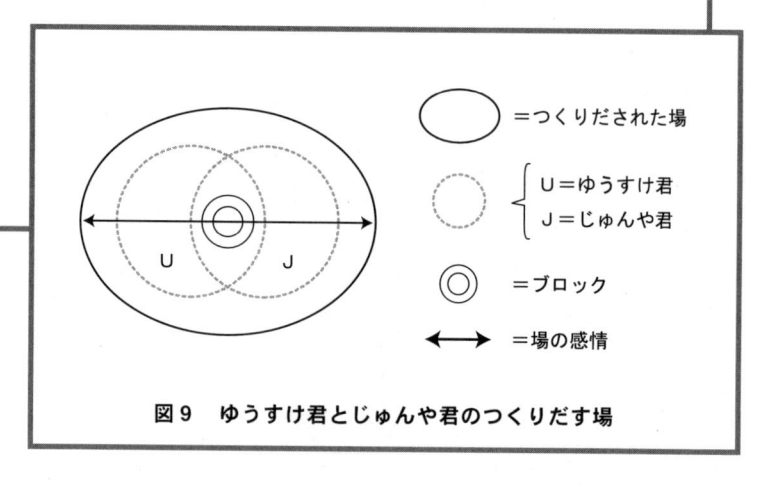

図9　ゆうすけ君とじゅんや君のつくりだす場

　○ ＝つくりだされた場
　○ ＝ U＝ゆうすけ君　J＝じゅんや君
　◎ ＝ブロック
　↔ ＝場の感情

子どもたちがつくりだす「その場」の楽しさの渦は、子ども同士を出会わせる重要な経験群でした。しかし子どもたちがつくりだす場の感情は、楽しいものばかりではありません。不安や恐れ、エピソード19や20のような怒りの渦も巻き起こします。この感情の渦を共有することの意味をエピソード20を例にしながら考えてみます。

① ゆうすけ君もじゅんや君もブロックで遊びたいという欲求があります。しかし、この時期の年齢の子どもたちは、その欲求のもち主（つまり私）に気づいていません。ですから、その私の力の及ぶ範囲（自己の輪郭）が曖昧です。図では点線でその領域を表しています。ブロックで遊びたいという欲求のなかにあるゆうすけ君はどうして、じゅんや君にブロックを渡したのでしょうか。

② ブロックで遊びたいじゅんや君は、ゆうすけ君のブロックではなくほしいブロックにストレートに手を伸ばします。

③ 手をのばしたブロックがたまたまゆうすけ君が使っていたものですから、ゆうすけ君の抵抗に合います。お互いに欲求を満たすために、ブロックを取り合います。取り合いの結果、ゆうすけ君がブロックを手にします。

④ 欲求が満たされない（思いとおりにいかなかった）じゅんや君が怒り（大泣き）を爆発させます。

⑤ その怒りの感情の渦にゆうすけ君が巻き込まれてしまいます。つまり、自己の輪郭が曖昧であるから、怒り（じゅんや君のほしい気持ちが満たされないこと）に、すぐ同化してしまいます。

⑥ ゆうすけ君（じゅんや君のほしい気持ちに同化した）は、同化してしまったほしいという気持ちを満たそうとして、じゅんや君にブロックを渡します。

　以上のようにエピソード20を、ゆうすけ君とじゅんや君の発達の

過程から読み解きますと、現象的に理解されることと意味合いが少しちがって見えてきます。現象としては、「ゆうすけ君の使っているブロックをじゅんや君が取りに行って、取り合いがあって、ブロックを手に入れられなかったじゅんや君が大泣きをして、ゆうすけ君にブロックを貸してもらった」というものです。しかし、①から⑥のように、読み解いていくと、2人はじゅんや君の大泣きによって起こった感情の渦に巻き込まれて、ブロックで遊びたいという欲求を土台にして、それが満たされることと、満たされないことの両極の気持ちを同時に経験しているということになります。

これは、無意識のうちに、お互いの気持ちを行ったり来たりしていると考えられ、人が人を理解するうえでの重要な経験群として位置づけられるのではないかと考えられます。

以上、子どもたちがつくりだす、楽しさの渦と怒りの渦を共有することについて考えてきました。このように、自己の輪郭が曖昧な子どもたち同士が、いっしょにいることの意味の一つは、子どもたちがつくりだす「場の感情」を共有するところにあります。この「場の感情」は誰のものでもない、その場にいる誰でもない（主語をもたない）人たちの感情です。この感情の場、誰のものでもない融合した感情を存分に経験して、やがては、この場の感情が誰かのもの、つまり相手の気持ち、そして自分の気持ちであることに気づいていくことになっていきます。

④（自分とは）「異なる気持ち」に気づく

場の感情の共有、言って見れば他から区別されたその場の感情を、今度は、どのように自分のものにしていくのでしょうか。つまり、自分の心にどのように気づいていくのでしょうか。

表1をもとに「気持ちに気づく」ということを考えていきます。

表1　気持ちに気づくエピソード群

年齢	気持ちに気づく
2歳8か月	・いっしょにいる友だちが靴を落とすと「くつ？」と言って拾って渡す。 ・水道、自分の隣りの子がボーッとしていると、その子の前の蛇口を開いて水を出してあげる。
2歳10か月	・他児が転ぶと「だいじょうぶ？」とかけより、転んだ子の顔を覗き込む。 ・朝の体操、気が乗らずに隅で足を投げ出して、ボーッとしている子を見つけて、そばへ行き、自分の足で相手の足を、顔を見ながらそっと触る。
2歳11か月	・観察者にしきりに話しかけてくるが、それが理解できずに何度も聞き返すと、そのつど「ちがう」と言う。そのやりとりを見ていた他の子が「さんぽ（と言っている）」と教えてくれる。
3歳1か月	・H（3歳1か月）がKの顔を覗き込むようにして座るがKは気がつかない。そのうち、Kが画面を見ながら「うえーん」と小さな声で泣くとH「K君なーに？」と顔を覗き込むようにやさしく問う。するとKが画面を指差すとH「車だ」と答え、二人でケタケタ笑う。
3歳2か月	・公園の砂場、観察者がボーッとS（3歳2か月）の砂遊びを見ていたら、Sが気づき、自分が今使っている道具を「これ貸してあげる」と渡し、「ちょっと待っててね」と言って、砂場のあっちこっちを探して、同じ道具を見つけてきて続きをする。

　表中のエピソードにおける、転んだときの気持ち、朝、気分が乗らなくてみんなといっしょに体操ができないなどの、それぞれの気持ちの揺れをともなった経験は、だいたいの子どもが共通に経験していることが多いので気持ちが共有されやすいといえます。これらの、ごく日常的に経験される事柄においては、他の子の行動、サイン（表情、仕草）が読み取りやすく、つまり、その表情の裏の気持ちを容易に想起させ、気持ちに重ねやすいということがいえます。その気持ちは、働きかけたときの相手の反応を通して確認されていきます。

　たとえば、2歳8か月のエピソードは、おやつの前の時間のもの

で、手を洗ってからテーブルにつくのは毎日の日課です。水道の前では蛇口をひねって水を出して手を洗うものですが、その子は、蛇口をひねらないで立っています。ここで、蛇口をひねってあげた子どもは、自分の行動の脈絡から離れて、その子どもの行動の脈絡にそって「今する行動＝蛇口をひねる」ことをします。同じように表中の3歳2か月までのエピソードを見てみると、今の、自分の行動の脈絡から離れて、相手の行動の脈絡にそって行動しています。この自分の今の気持ち（欲求）をいったんカッコにくくることができることが、相手の気持ちにそった行動を可能にしているようです。

(3) 3歳児の子ども同士の遊びが成立する条件

おおよそ、これまでに見てきたような子ども同士のかかわりの経験を経て、2．の(1)で述べた子どもたち同士での遊びが成立してきます (p.47〜50)。

2の(1)で述べた3歳児の遊びの姿が観察される少しまえの子どもたちのやりとりそのものを先に概観し、それから遊びの成立の条件を考えていきます。

① 「いっしょに……しようよ」

エピソード21のゆうすけ君とひろき君は、相手の子に対する自分なりのつもりがあって、「いっしょに見ようよ」とか「えへへ（遊ぼうよとか来たよとか）」と関係を切り結ぼうと働きかけますが、思いどおりにいかなくて困惑しています。つまり、ゆうすけ君やひろき君の「つもりの世界」では、自分なりのつもりや予測が裏切られて、行動の拠り所を失って困惑します。この時期のこれらの行動は、相手にとっては突然すぎて気づかれなかったり、相手の行動を邪魔する結果になったり、あるいはその働きかけの意味が飲み込めないなど、否定

されることが多く、「いっしょに……する」ということがなかなか成立しにくいようです。しかし、エピソード22にみるように、おおよそ、3歳を過ぎたころから、「いっしょに……しょう」＝「うん」が成立し始めることがわかります。

エピソード 21　　いっしょに見ようよ ①

　ゆうすけ君（2歳7か月）は、じゅんや君（2歳11か月）が座ってテレビを見ているところに寄って行き、じゅんや君の顔を覗き込むようにして、顔を近づけ、大きな声で「いっしょに見ようよ」と言うが、テレビに夢中のじゅんや君は気づかない。ゆうすけ君は数回「いっしょに見ようよ」を繰り返すが、じゅんや君には聞こえないらしく、ゆうすけ君は困惑気味に少しの間、そこに立っている。

　朝の保育室、みんなより少し遅れて登園してきたひろき君（3歳1か月）は観察者に「かずき君（3歳2か月）は？」と聞く。観察者が「ほら、あそこだよ。先生に抱っこしてもらっているよ」と答えると、そこへ小走りに寄って行って、前に立って「えへへ……」と笑いながらかずき君の前に顔を出すが、かずき君はテレビに夢中で、ひろき君に気がつかない。ひろき君は笑顔のまま少し立っているが、だんだん困惑した表情になり、そこに立ち尽くす。

たとえば、次のエピソード22のように、いつもいっしょに見ている大好きなテレビの場面（いろいろの種類の動物にまたがった子どもたちが大勢写っているマンガの画面）を指さして、隣りの子に「いっしょに乗ろうね」と叫ぶと言われた子どもは「うん」と答えて、思いが通じ合って、その続きが展開するようになります。その場の脈絡の共有（テレビの画面の展開が楽しさをともなって毎日生活のなかで共有されている）と働きかけのタイミングのよさなどが条件になり相手の思いに共感でき、「いっしょに乗ろうよ＝うん」が成立するようになります。

エピソード 22　　いっしょに見ようよ ②

みんなでテレビを見ている。いつも見ている番組のテーマソングが流れて、いろいろの動物に子どもたちがまたがって通り過ぎると、ひろき君（3歳4か月）が自分の隣りに座って見ていたかずき君（2歳7か月）に、大きな声で「いっしょに見ようね」と言うと、「うん」と大きな声で返事が返ってきて、他の子どもたちも口々に、「ヘビに乗る」とか「うさぎに乗る」とか好きな動物の名前を言い合う。

② 3歳児の子ども同士の遊びが成立する条件

4の2.の(2)に述べた子ども同士の遊びが成立する過程 (p.50〜62) は、自己が獲得される3歳前の、子ども同士の関係のあり方そのもの発達の姿でもあります。一方、これと並行して、「2 自己の中心を獲得するということ」(p.21〜37) で整理した「自己の獲得」への発達の姿があります。子どもの日常は、これらの姿がからみあったかたちで展開されていることは言うまでもありません。4の2.の(1) 子ども同士での遊びの姿 (p.47〜50) は、自己を獲得し、お互いを閉じたもの同士として、意識しはじめた子どもたちの遊びの姿です (エピソード16、17)。

他の子どもが遊んでいる遊びに参加するために、つまり、自分の遊びたい欲求を満たすためには、ある手続きが必要になってきます。場所の所有と同じ手続きが必要になりますが、ここは、参加する遊びの内容が、ただ場所を所有するということより、複雑な内容が展開されていますので、その手続きも多少複雑になるようです。

① 「入れて－いいよ」の約束事にのっとること。
② 「だめ、だめ、シャベル持ってきて」(そこで展開されている遊びに使用されている道具を持ってくること－道具は内側の印となる)

さらに、

③ 「シャベルと（砂を）すくうのを持ってないとダメ」(そこで展開されている遊びに使われている道具を全部そろえること－そこで遊んでいる子どもは、みんな同じものを持っているから)

というように、外側のもの（遊びに参加してないもの）が相手の内側（遊び）に参加するためには、内と外をつなぐものとして「入れて－いいよ」の約束事だけではなく、他に何か具体的な印が必要のようです。その具体的なものは、たいていの場合、内側との同質（同じも

を持つ、あるいはその一部を持つ）を求めて、その条件を満たしたものが内側の楽しさ（遊び）を共有することが許されると考えることができます。

　この同質を求める傾向は、さらに厳しく、

　④　「だめ、だめ、○○さん（大人）はだめ」（ここは子どもだけのグループで遊んでいるのだから）

　⑤　「だめ、だめ、女はだめ」（ここは、男の子だけで遊んでいるから）

というように、参加したい子どもの努力を超えたものまで要求されます。さらに、どうしてもこの遊びは自分たちだけで遊びたいときなど、

　⑥　「だめ、鍵かけた。ガチャガチャ」

というように、自分たちの内側に相手の子（外側）を入れないように強力な鍵をかけてしまう。しかし、外側の子どもも、断られてもその遊びに参加したいという欲求が強ければ、何とかしてそこに参加できる方法を考え出します。

　⑦　遊んでいる様子を少しの間、観察して「じゃ、お水くんであげない」

と、今よりももっとおもしろい遊びの仕方を提案することで、遊びに参加することになります。このように、今そこで展開されている遊びがもっと楽しくなる方法を提案できるためには、遊ぶ楽しさを十分に経験していて遊びたい欲求が強力であること、そして一人ではなく、他の子といっしょにいることは楽しいことを十分に経験していることが前提になります。

　以上に見てきたように、相手の内側に参加するということは、その内側で展開される遊びの楽しさを、自分のものとして経験することです。と同時にその楽しさを、その内側のもの同士で共有することであ

り、その内側の楽しさを共有するもの同士として、他から分化していると考えられます。

　これは、その初期においては、この遊びが終わればこの関係が解消されます。しかし、この経験は「なかよし」、つまり、親しい間柄を形成する核になる経験群の一つとして考えらます。さらに、その延長線上にあると思われる、比較的よくいっしょにいるという遊び集団（一体感をもった自然発生的な集団）へと連続していくと考えられます。

3．場の楽しさの共有から　　　　　　　　「持続した子ども同士」の関係へ

(1)「なかよし」の関係へ

　これまで見てきたように、相手の遊びに参加する手続きを獲得した子どもたちは、いっしょに遊ぶことの楽しさや厳しさ、不便さやわずらわしさ、そしてわくわくした感情や満足感などを十分に経験していきます。

　最初のころは、これまで見たように、その場の楽しさが終われば、つまり遊びが終われば、そのときの、子ども同士の関係もそれで終わることが大方です。しかし、遊び込んでいるうちに、その楽しさを持続させようとするのか、「明日もやる」と遊びを続けるようになるとか、いっしょに遊んだ子ども同士がその遊びが終わっても「いっしょにいたがり」そして「いっしょにいる」ようになります。

　これらの様子を子どもたちの姿を通して見てみると、エピソードの23、24、25のようになります。

エピソード 23　　おれは、かずまと座る（給食時の席）

　かずま君（4歳6か月）、てつや君（3歳11か月）、まさふみ君（5歳クラスの子）、ゆうた君（4歳3か月）の4人で砂場の中央で砂を高く積み上げてから、トンネルを作ろうとして四方から掘り始める。（…中略…）かずま君が「かためなきゃ」と言いながら、積み上げた砂をパンパン手で固めている。そして、まさふみ君に「（電車は）橋はどうやって登るの？」ときくと「おれが教えてやる」と言い、掘っていた穴を固めてはトンネルの上に当たる部分をトントンとし始める。

　ゆうた君が「ぼくんちは、踏み切りもあるよ」と踏み切りをどうやって作ろうかと提案する。（…中略…）まさみ君（まさふみ君の弟－2歳児）がやってきて、4人が穴を掘っているそのうえから、砂山をつぶすような動きをするので、「あ、だめだよ、まさみ」と4人は、小さい子を諭すようにやさしい口調で一斉に制止して、また、一斉に固めて掘り始める。（…中略―この間にまさふみ君が別の場所に移動する…）かずま君が、てつや君に「おれとつながないと（トンネルの穴を）絶対、明日も遊んであげない」と言う。しかし、てつや君は黙々と掘り、そして「あ、もう少しだ（でトンネルがつながる）」と叫ぶ。かずま君「ほんとう？」と言って掘り始める。

　3人で、掘りながら、かずま君の申し出をてつや君が受け入れないので、そばのゆうた君が、かずま君に「おれは、かずまと座る（給食時の席）」と言う。かずま君も「おれもゆうたと座るよ」とてつや君に言うと、てつやは「うん」と答えながら掘っている。

4 子ども同士の関係

エピソード 24　明日もやるの（エピソード23の続き）

　砂遊び、さっきまでトンネルを作っていたところを、かずま君（4歳6か月）とゆうた君（4歳3か月）が、手でパタパタたたいているので、観察者が「つながったの（トンネルを掘っていて誰とつなげるかで、てつや君とかずま君がもめていたので）？」と聞くと、かずま君「うん」と答えながらしている。
　観察者が「えー、見たかったな。トンネルのつながったところを」というと、いっしょにいたゆうた君が「〇〇さんには見せてあげないよ」と言いながら、かずま君に同意を求めるように顔を見ると、かずま君はそれを無視して「明日もやるの、明日は来ないんだよね」と言う。（…後略…）

エピソード 25　ぼくたち、いっぱい遊んだからね（エピソード24の続き）

　砂遊びを終えて、かずま君（4歳6か月）とゆうた君（4歳3か月）が、保育室の横の水道で手を洗っている。かずま君が手を洗いながら「ほら、黒い泡、砂をやったから取れてきたの」と観察者に見せる。
　観察者が「いっぱい、砂で遊んだからね」というと、「〇〇さんは石鹸やった？」と聞くので「うん、砂で遊んだけど、黒くならなかった」と言うと、かずま君は「ぼくたちは黒いんだよね。いっぱい砂で遊んだからね」とそばで手を洗っていたゆうた君に同意を求めて、「ねー」と顔を見合わせてうなずき合う。

エピソード23、24、25は3歳児クラスの11月のものです。保育園では運動会も終わり比較的落ち着いて過ごしている時期です。砂場の遊びは、この3歳児クラスでは人気のある遊びです。何日も砂場での遊びが続きます。それは同じ子どもが続けることもありますし、入れ代わり立ち代わりのこともあります。

　この日のかずま君たちは、園庭に出た直後から砂場で遊んでいました。最初は、まさふみ君（5歳クラス）がいなくて、3人で始めて、途中から4人なりました。しばらく4人で遊んでいたのですが、途中、かずま君以外の子は出たり入ったりしていますが、給食の時間になるまで遊んでいました。砂を高く盛り上げて、適度な硬さに固めてから、深く掘り、そして、中でつなげてトンネルにしようという考えです。4人で踏み切りをどうするとか、電車をどうやって走らせるかとか、言いながら遊んでいます。

　砂を深く掘りながら、かずま君はてつや君に「いっしょにつなごう」と言いますが、てつや君は返事をしません。かずま君は何とかつなぐよう説得しますが、てつや君には「てつや君のつもりや手応え」があるのでしょう黙々と掘り続けています。

　そのやりとりを聞いていた、ゆうた君が「おれは、かずまと座る（給食のとき）」と言い、かずま君も「おれもゆうたと座るよ」と言う。このゆうた君のかずま君への申し出を、かずま君の「おれとトンネルをつないで」という申し出を断ったてつや君も了解します。

　ここのところ、かずま君の申し出をてつや君が受けて、あるいは、てつや君の申し出をかずま君が受けて、そして、給食を隣り同士で食べるということが、だいたいの2人の関係です。しかし、今日は様子がおかしい。いつも砂場遊びに参加しているゆうた君は、最近の2人のやりとりを見ていますので、今日は、「おれ、かずま君と座る」と

いうことになります。つまり、てつや君に代わってゆうた君が、かずま君とトンネルをつなぐから、給食のときはかずま君と座るということです。

　3人のこの行動を支えているのは、申し出を受け合うこと（お互いが満たされて楽しく遊ぶ）が、関係を維持する要因であることに気づいていることです。よくいっしょに行動するようになった2人の間でも、申し出を受けないということは、関係を続けられない（給食を隣り同士で食べない）ということを、てつや君も了解しています。逆にいうと、関係を続けることより、「今、ここの遊びの手応え（こうしたいという欲求）」に対する気持ちが強かったということです。

　こうして、かずま君とゆうた君は、砂場遊びを終えてから、いっしょに行動することになります。手を洗いながら、かずま君は「ぼくたちはいっぱい遊んだから（充実して遊んだ）手が黒いんだ」ということを観察者に言います。そしていっしょに砂場にいた観察者に「○○さんは？」と聞いて、黒くない（充実していない）ことを確認して、黒いもの同士（つまり、いっしょにいっぱい遊んだ者同士）の関係を確認し合い、給食は隣り同士で座ることになります。そして、この楽しい遊びは「明日もやる」のだと言います。つまり、楽しい関係を明日も続けるつもりになります。

　こうして、楽しい場（遊び）を共有したもの同士が、その楽しさをいっしょにいることで持続させながら、比較的いっしょにいることが多くなる「なかよし」の関係になっていくと考えられます。もっとも、「なかよし」の関係は、このかずま君とてつや君、ゆうた君のように離れたりくっついたりをしばらく繰り返すことになります。

　一方、子ども同士の関係は、楽しい場を共有するだけではなく、次の、26のエピソードのような窮地を救ってもらうことも、持続させ

るようです。

> **エピソード 26　　今日、えみりちゃんの隣りに寝ていい？**
>
> 　運動会のマットの練習。しゅん君（3歳8か月）はみんなが一列に並んで座っているので、自分もその列に加わろうと、座るところを探すが、なかなかみんなの列に隙間がなくて入れない。その様子を見ていたえみりちゃん（3歳6か月）が「ね、しゅんちゃん、こっち」と自分の隣りを少し開けてくれる。しゅん君はホッとしたような顔をして座り、そして「ね、えみりちゃん、今日えみりちゃんの隣りに寝る。いい？」と顔を覗き込むようにして言う。えみりちゃんはニコニコして「うん」と答える。

（2）なかよしに味方する

　楽しい場を共有する、窮地を救うなど、その場で切り結ばれた関係を持続させようと「いっしょに給食を食べる」とか「いっしょに午睡をする」などの行動を取るようになります。しかし、「いつもいっしょ」ということは、それなりにトラブルも発生しやすいということになります。それで、離れたりくっついたりを繰り返すことになります。子ども同士を引き合わせる要因は、「いっしょにいると楽しい（遊びが充実する）」ということが大きな要因のようです。こうして、最初は、いっしょにいることで「なかよし」でした。しかし、目の前にいなくても、いっしょに遊んでいなくても「なかよし」の子は、他の子と異なった意味合いをもつようになっていくようです。その様子をエピソード27で見てみます。

　3歳児は、エピソード27に見るように、ことの善悪とか、ことの原因を究明して、問題解決をはかろうとか、関係を調整しようという

ことはむずかしいようです。自分の欲求と色濃く結びついたところで、ことが展開していきます。

> **エピソード 27　　てっちゃんをいじめないで**
>
> 　りょう君（4歳1か月）とてつや君（3歳11か月）がスポンジのブロックを投げ合っている。表情が真剣だったので、観察者が「あぶないよ」と言うがやめないので、その間に立ちはだかり、再び「あぶないよ」と言う。（…中略…）ほかのところで遊んでいたかずま君（4歳6か月）がその様子を見て飛んで来て、てつや君のまえに立ちはだかり「てつやをいじめないで」と叫ぶ。そして「どうした、てつや、誰がやった？」と聞くと、てつや君は、ブロックが当たったほうの片目をつぶりながら「あいつ」とりょう君を指さす。かずま君はりょう君に向かって「てつやをいじめるなー」と威嚇する。りょう君はこんなはずじゃないというような戸惑った表情で、スゴスゴと横に移動する。

ここで、重要になってくるのが、いっしょに生活する大人の存在です。これらの自己中心的な行動（自己の欲求を中心に世界とかかわる3歳児）にどのようにかかわるかということです。
　大きく分けて、かかわり方は2つです。
　1つは、直接にそのような場面に居合わせたときに、どのようにかかわるかという問題です。その場にあって、ことの善悪を教えるということもあります。そのときに、子どもの住んでいる欲求の世界を十分に理解して、つまり子どもの気持ちを理解して、お互いに相手の気持ちに気づくような対応が考えられます。
　もう1つは、大人の生き方、大人自身がどのように生活しているかということです。保育園は改めて言うまでもなく、生活の場です。生活の場では、意図的なことばかりではなく、無意図の部分も、つまり直接に子どもにかかわることだけではない行動、つまり保育者の無意識の行動も子どもたちは見たり感じたりしています。ですから、子どもに意図的に対応するだけでは不充分であるということになります。保育の場における保育者の行動のまるごとが意味をもちます。

PART 2

4歳児の世界

PART 1で見てきたように、3歳児は、「行為する主体」としての自己を獲得します。そして、その自己に対する意識は、「自分は特別な(優れている、よい)存在」であり、それが事実であるかどうかではなく、そういう欲求に彩られた意識でした。そのような意識のもとで、園生活を繰り広げていました。

子ども同士の関係においては、自己を獲得して、お互いに閉じたもの同士として、相手より優位でありたいと競うことをしました。その一方において、閉じたもの同士として相手を意識し、いっしょに遊ぶためのルールを獲得したり、いっしょに楽しい遊びをすることで、なかよしの関係に発展したりしました。

それらの経験を重ねてきた子どもたちが、4歳児(クラス)では、どのような経験(生活)をし、さらに何を獲得するのでしょうか。

1 4歳児の姿
－「欲求と現実」のズレの気づき－

1．「自己」を支えるもの

自己を根底で支えるものは、言うまでもなく自己を肯定する感情(自己肯定感)です。この感情は、3歳児のところでも見ましたが、「大きくなることはいいこと」「できるようになることはいいこと」「他と異なること（○○より声が大きいこと、○○より痛くたたけること・力が強いことなど)」などに支えられていました。そして、この感情に支えられて「1番先に場所を自分のものにする（優れている自分であるため

に)」ことと、約束事をめぐっての攻防がありました。

　どうしても「入れて(2番)」と言いたくないときは、「入れてと言って」とルールを逆手にとって、自分が「いいよ(1番)」と言うことをしました。そして、一応ルールにのっとったやりとりをして、お互いに内側同士になったときに、さらに、お互いに「入れて－いいよ」を言い合って、お互いが1番になることもできました。お互いの欲求(1番になりたいという)を満たすために、1番が2人いることも成立しました。4歳児クラスになると、このような欲求の論理に基づいてとでもいうような行動が続かないようです。

(1) 優れていたい自己

エピソード 28　「1番」になりたい

　運動会のかけっこの練習。
　なるみちゃん(5歳0か月)、りょうすけ君(4歳9か月)、みなみちゃん(5歳2か月)の3人で走ることになる。りょうすけ君は小柄ながら、走ることに自信があり、スタートラインでは、気持ちがはやるらしく、他の子より少し前に出て走り出す。最初はりょうすけ君が先頭を走っている。そのうちなるみちゃんが追い上げ、先頭のりょうすけ君の横をみるみるうちに通り抜け先頭になる。そのなるみちゃんの様子をりょうすけ君は走りながら目で追っている。そして表情がゆがんできたが、走り続けテープを切る。それでもりょうすけ君は1等の旗のところへ行こうとし、保育者に2等の旗のところに並ぶように言われて泣き出す。保育者になぐさめてもらうが口に手を入れて表情がさえない。

エピソード 29　2番、2番

　園庭で運動会の練習、かけっこをすることになる。
　走る順番に並びながら、れいちゃん（5歳2か月）は「れいちゃん早いよ」と観察者に得意そうに言う。走り終わって、れいちゃんの言ったとおりになり、いっしょに走ったりょう君（4歳11か月）に1番であることを言う。りょう君はそれ

エピソード 30　りょうすけちゃん、はえー（速い）

　リレーの練習。
　ひろお君（5歳5か月）は走ることには自信がある。紅白に別れてバトンを受け取り走るが、途中から走るひろお君は、遅れてバトンを受け取る。前を走っているりょうすけ君（4歳9か月）に追いつきそうになるが、カーブのところでまた差が出てしまう。カーブを曲がってテープが正面に見えるところまで来ると、ひろお君「はえー（速い）。りょうすけちゃん、はえー（速い）」と言って立ち止まり走るのをやめて、もとの場所に戻ろうとするが、そばにいた保育者に「早く、早く」と促され、抱えられながらゴールのほうに連れて行かれる。

エピソード 31　そしたらおれは〇〇さんと走る

　ひろお君（5歳5か月）とゆかちゃん（4歳9か月）、かずま君（5歳4か月）の3人と観察者で、園庭の登り棒でしばらく遊ぶ。朝の体操の音楽がなり、それぞれに遊んでいた子どもたちは、園庭の中央に立っているそれぞれの担任の前に走っていく。かずま君も大急ぎで走っていって担任の前に並ぶが、くつを履いてこなかったことに気づき、観察者に「〇〇さん、くつ、いっしょに来て」と言いながら、さっきの登り棒のところに行き、靴を履こうとする。そこへ、いっしょ

を聞きながら、両足を交互にピョンピョンさせながら、手の指を２本立てて「２番、２番」と自分が２番だったことを言う。それでもれいちゃんが「１番」と頑張って言い続けると、りょう君は「れいちゃんは去年は遅かった」と言う。

　給食時、ひろお君が観察者に「〇〇、隣りに座れ」と言うので、「いいよ」と答えて座ると、ニコニコしながらパンチしてくる。そして、すごい食欲なので「すごいね、いっぱい食べるから、速く走れるんだね」と言うと、うれしそうに笑ってから「りょうすけちゃんのほうが速い（リレーで追い越せなかった）」と言うので、「りょうすけ君も速いけど、ひろお君も速いよ」と言うと、そのことばを顔を上げて真剣な表情で、最後まで聞いてから、うれしそうに笑う。

についてきたゆかちゃんが、観察者の手を引っ張りながら「早く、体操」と言う。「かずま君がくつ履いてから、よーいドンで戻ろう」と言うと、かずま君は「マダダヨ、まだ履いてないよ」と大急ぎで履きながら言う。履き終わったので、観察者が「よーいドン」というといっしょに走り出すが、ゆかちゃんのほうが優勢である。するとかずま君は、前を走るゆかちゃんの服の襟首をつかんで走り、いっしょに列に戻る。（…中略…）遅れて体操の場に戻った観察者に向かってひろお君が「体操が終わったらかけっこしよう」と言う。かずま君が「そうしたら、おれ〇〇さん（観察者）と走る」という。３人でかけっこして、ゆかちゃんにはかなわなかったが、観察者はそのあとから走っていったので、かずま君より走るのが遅いと思ったようだ。

これらの走ることに関するエピソード群は、「走るのが速いから、1番のはず（そうありたい）」、しかし、「1番ではなかった」という事実をめぐるものです。エピソード群を整理すると次のようになります。

> **エピソード群の整理**
>
> - 「1番でありたい（優れていたい欲求）」しかし、その欲求が打ちのめされる。その結果（現実）を目の当たりにして、「そんなはずはない」ということで、表情がゆがみ、泣き出す（欲求と現実のズレに動揺）。
> - 相手の1番（現実）ではなく「自分が2番である（現実）」ことを言う。
> - 相手が早いことを認める。しかし、もう1回やり直したら「自分のほうが早いはず（現実－さっきのはまちがい）」と競技の最中であるにもかかわらずやり直そうとする。
> - 前を走る子を押さえて、自分より前に出られないようにする（現実－相手の子どもの動きを阻止）。
> - 今度走るときは、走るのが遅い人と組んで1番になろうとする（現実－条件操作）。

以上に見るように、なんとか「有能である自分」であろうとあれこれ試みをします。事実の世界で見ることを始めた4歳児にあって、このような認めがたい事実を、いろいろの手立てを用いて、乗り越えて「有能な自己」であろうとしますがすっきりしません。

以上のまとめのように、思いどおりの自分（優れていたい、有能感にあふれた自分）ではない自分（走るのが遅い、1番ではない）を受け入れ

て「ありのままの自分」についての認識を広げていくとしたら、この時期において、特に周囲の大人の子ども観や人間観が、子どもの「自己認識のありよう」に大きく影響を与えると考えられます。

　たとえば、自分が１番ではなかったことをなかなか認めません（子どもなりに精いっぱい「２番だった」というのですが）。また、いつまでも泣いています。１番になるための努力が相手をつかまえて、走れないようにするとか、遅い人と組んで１番になろうとするとか、大人から見ると、そうあってほしくないと思われがちな行動ばかりです。これらの一つひとつの具体的な場面で、子どもの気持ちを理解したうえで、どうかかわるかは大人の価値観に大きく左右されてきます。

　発達的に見ても、これらの子どもの危機的ともいえる場面での大人のかかわり方が、何を善しとし何を潔(いさぎよ)しとしないかなどの子どもの価値観や、それから、生きることを支える自己肯定の感情に大きな影響をもたらすと考えられます。

(2) みんなと同じ

　優れていたい自己は、「最初（１番）」や「先生のそば」をめぐっての争いを繰り広げます。エピソード32と33から、この優れていたい自己同士（子ども同士）の関係を見てみます。

　このエピソードのゆかちゃんは、１番を所有し、１番になりたいという他の子の欲求を拒否して、「みんながなりたい１番を独占」することになります。自分の欲求を満たすことは、他の子のなりたい欲求がかなえられないことでもあります。ゆかちゃんの「１番になりたい」という欲求の視点（内面）から事態を見ると、ここには何の悩みも発生してきません。しかし、このエピソードのゆかちゃんは、１番をめぐってのもめ事がありましたが、いったん、自分の欲求がかなえられると、エピソード33で見られるように、相手（外側）の視点から

「自分が1番になること」を見ることをしています。

　1番になれなかった、れいちゃんやゆうた君の視点から、この場面を見ると、ゆかちゃんは「みんながなりたい1番」を独り占め（1番は1つしかないので当たり前といえば当たり前ですが）しています。そんな子どもは、「ひとりぼっちになるしかない（仲間はずれ）」ということを、ゆかちゃんたちは共通に認識していることが理解できます。このとき、3歳児では暗黙のうちに成立していたルール（先に行ったものが1番、先に取った人の物という）はどこかへ行ってしまいます。ルールより関係（みんなと同じ）が優先するようです。

エピソード 32　1番前に並びたい

　ホールでの体操が終わり、保育者が自分の前に1列に並ぶように声をかける。ゆかちゃん（4歳10か月）はすばやく保育者の前に行き、保育者の体にしがみついて1番を取る。少し遅れて、れいちゃん（4歳11か月）が走って行くが間に合わずに1番にはなれない。それでもれいちゃんは、ゆかちゃんと保育者の間に割って入ろうとするがゆかちゃんのガードが堅く入れない。2、3回試みるがあきらめて、列の1番最後に並ぶ。そのやりとりを見ていたのか3番目に並んでいたゆうた君（4歳7か月）がゆかちゃんを目がけて手を振り上げ2、3回打つ。後ろから、突然打たれてゆかちゃんは泣き出す。保育者がゆかちゃんの泣き声に気がついて、ゆうた君のパンチの手を取りやめさせる。それから、ゆうた君は、何やら保育者に注意されている。ゆうた君「だって、ゆかちゃん、1番になりたいんだもの（なりたいと頑張るんだもの）」保育者「ゆかちゃん、1番になっているじゃない」と言うと、ゆうた君は両腕を組んで横を向いてブーっとふくれる。

エピソード 33　ひとりぼっちになるしかない

　ホールで保育者の呼びかけで1列になり、ホールから保育室に向かう途中、ゆかちゃん（4歳10か月）が、列のそばを歩いている観察者のところにきて「あのね、ゆうた君がここ（胸のあたりを指さし）やったの」とゆうた君がいきなりパンチしてきたことを、観察者に訴える。「痛かったね。ゆかちゃん1番だったのにね」と言うと、ゆかちゃんは「もう、ゆかはひとりぼっちになるしかない」と言う。観察者が「どうして？」と聞くと「だって、みんながいじめるんだもの」。（…中略…）観察者がそんなことはないということを話すが、なおもゆかちゃんは「いじめる。ひとりぼっちだ」と繰り返す。そのやりとりを聞いたれいちゃん（さっきゆかちゃんの後から行って1番を取り損ねた）が「だって、1番になるからでしょ」と言って離れていく。

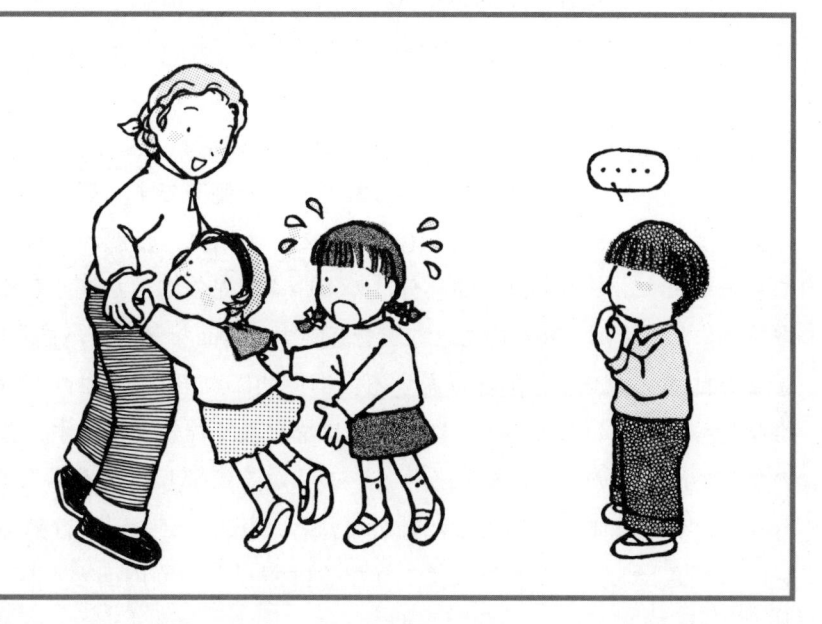

これらのエピソードから、この年齢では、相手の欲求がどういうものであれ、「相手の欲求を受け入れる－ゆずりあうもの・わけあうもの－」というところから子ども同士の関係が成立している側面があると考えられます。

　3歳児の「なかよし」の関係は、お互いの欲求が一致したときに、その関係が成立しました。4歳児のこの時期は、それに加えて自分の欲求をコントロールして（ある程度のことをがまんして）、相手の欲求を受け入れるという側面が加わることで、みんなのなかでの「自己」の位置が安定すると考えられます。

2．自己の行動を支える秩序

　話しことばの一応の完成が4歳半ごろといわれています。この時期になると、ことばに忠実に従おうとする傾向が強くなるようです。

　たとえば、保育者に「何を言われているのか」が理解でき、あるいは、「それはどうすることなのか」が理解でき、そのことばに自分の身体を向かわせることに快さを感じているような、あるいはそうしなければならないと考えているような4歳児の姿があります。

　もちろん、この傾向は4歳児の行動の一つの側面です。そして、この傾向は、行動を支えてくれるものであるとともに、戸惑わせるものでもあります。一方では、聞き分けのよい4歳児の姿があり、もう一方では、たとえば、新しいことなどを経験する場面などにおいて、「できない」「やらない」と尻込みをする、消極的になることもあります。絵なども3歳児のときのように無邪気に描けなくなるようです。自分のなかでは、このように描こうとか、こうなるはずというイメージをもちますが、身体がそのように動かないという、イメージと行動のズレに気づき出し、「こうやればこうなるはず」という内面と、「こう

やったけれどもできない」という現実に直面し、優れていたい（できる）自己が戸惑い不安定になっていきます。

これまでも見たように、自己のありよう（優れていたい自己）との関連で、この自己が危機にさらされるからです。

　ここでは４歳児の秩序について考えていくことにします。先に述べたような、ことばの意味に敏感になる時期は、発達的には、２歳代に最初に見られます。２歳前後からことばが急激に発達することと関係するようです。現象的には、２歳代の子どもも、４歳代の子どもも素直に、言われたとおりにしようとする傾向が強くなりますが、大きなちがいは、４歳代は自分から行動を支える、つまり、自らで積極的に行動を秩序立てることが強くなるということです。

　概していうと、４歳児クラスは、秩序へ向かう、つまり、ことばの通りに行動することに向かう傾向が強く見られ、そこをある程度経験すると、その行動のなかから、今度は秩序から逃れようとする行動が出現してきます。しかしまだまだ、自己の欲求が、その従おうとする気持ちや意志より強力なときには、無秩序になっていきます。全体的には、自己中心的な行動特性を色濃く持っていますが、秩序立った行動をしようとする傾向が観察されます。

（1）秩序へ向かう

　４歳児の「秩序へ」向かう行動のエピソードを整理すると以下のようになります。

エピソード群　エピソード群の整理

- 体操の音楽がなると、それぞれ隣り同士で手をつなぎ出す。そうしないで遊んでいる子に「つなぐんだよ、つなげ」と強引につながせる。

- ホールの中央にテープで大きな円が描かれてある。今は体操をするのでその円は関係がないが、体操ができるように広がるよう保育者に言われても「だって、みんなここにいる」と言って円の内側を指さして広がらない。

- 「みんな１っこなのに、２つ持っちゃいけない」と２つ持っている子を非難すると「だって、先生がくれたんだもの」と言われ、他の子はそのことばに先生にもう１個催促にいきもらうが、言った子は、もう１個もらいたくて体が前に出るがもらいに行かない。

- 保育者の指示「園庭の石をひろってから遊ぼう」ということばに、なかなか石を見つけられなくて拾えない子は、「まだ、探していない」と真剣な表情で走りまわる（他の子は遊び始めているが）。

- 体操の音楽－この部分には「こういう動き」というイメージがあり、それ以外の動きはだめ（自分ではそのように動いているつもりか、他の子の動きに注文をつける－言われた子どもは注文をつけた子どもがいいと言うまで何回もやり直す）。

- 靴下は履くもの－靴下をぬらしてしまう。「（替えの靴下がない、そんなに寒くない日なので）履かなくてもいいんじゃない？」と言うと、「大丈夫、少ししかぬれていない」とぬれた靴下を履いている。

- 「男は泣いちゃいけない」－「女はいいけど」とかけっこで負けて悔しくて泣いている友だちを見て言う。

- 女の子は「わたし」、男の子は「ぼく」－つられて「ぼくにもちょうだい」と言った女の子に、他の女の子が「ぼくじゃないでしょ、女の子でしょ」と注意すると、注意された子も素直に言い直す。

エピソード群から、手をつないで体操をする場面で手をつなぐこと、みんながいる円からはみ出ないこと、みんなが1個のときは1個（2個ほしくても）であること、園庭の石を拾ってから遊ぶという保育者のことばで、拾えないときは拾えるまで探す（石を拾ってからでないと遊べない）、「男は泣いてはいけない」等、みんなと同じとか、こうあるべきものということ（ことばに合わせて身体を調節する）が、この時期の子どもの行動を秩序立てていることがわかります。これらの秩序は、その園で集団生活をするうえで、保育者が子どもたちに要求することや、社会の価値や文化的な背景をもつもの「男は泣いてはいけない」とか「女の子は私と言うこと」などです。周囲の人の価値を取り込んで行動の秩序としていることが理解できます。

　また、エピソード35のように、保育者に言われたとおりにしようとする子どもの姿も見られます。運動会の練習、当日使用するきれいな「ばち（1人2本）」は、練習に使うと汚くなるので使わず袋に入れています。練習用としては、新聞紙で丸めて作ったものを用いています。運動会が迫ってきているので、今日は、当日の「ばち」で練習することが説明されます。そのまえに、当日の「ばち」をもって保育者が踊るのを見てからということになり、保育者の踊りを見ることになった場面でのことです。

　ゆかちゃんは、きれいな「ばち」に触りたくて、見ていてと言われたけれども、「ばち」の入った袋に近づいてしまいます。同じように、早くきれいな「ばち」を使いたいけれども、先生が見ていてというので、その気持ちを押さえていたかずま君が、ゆかちゃんに「ダメだ」と言います。それは、ゆかちゃんにだめということで、かずま君は「自分のばちに触りたい」という気持ちをコントロールしているようです。

エピソード 34　いじっちゃダメ

　運動会の練習中。
　園庭の隅のほうに置いてある、5歳クラスの組み体操に使う大太鼓はいじらないように保育者に注意されている。少ししてけんたろう君が（5歳4か月）がまんできなくなって、大太鼓に寄っていって、そっと様子を伺いながら、静かにゆっくりと太鼓のバチを揺らしている。それを見た、かずま君（5歳4か月）が、遠くから「いじっちゃダメ」と大きな声で注意する。けんたろう君はあわてて手を引っ込めて、もとに戻ってくる。

エピソード 35　言われたとおりにする

　保育室の壁の前に1列に座って、運動会のときに踊る遊戯を保育者が手本に踊るのを見ることになる。保育者が踊り出して少しするとゆかちゃん（5歳1か月）が列から離れて、保育者のそばに置いてある袋の中から、運動会の当日に使うバチを2本取り出して、保育者の動きをまねて踊り出す。その様子を保育者の指示のどおりに、座って見ていたかずま君（5歳4か月）が「あ、バカバカバカ。ダメだよゆか。バッカじゃないの」とありったけの気持ちを込めて言い、自分は言われたとおりに座ったままでいる。

(2) 秩序からの自由

　秩序への欲求が強いこの時期、少し遅れ気味に秩序から自由になっていく場面が観察されます。
　子どもたちは3歳児クラスの後半あたりから、エピソード36のゆかちゃんのように、性差を獲得します。こうして性差に気づいた子ど

もたちは、男の子、女の子にこだわります。特に「男色」とか「女色」にこだわって、大好きな三輪車でも、男の子は、赤やピンクの三輪車（子どもたちは女色と呼びます）はいやだと男色（青や緑）の三輪車を取り合います。その傾向が４歳代でも続きます。たとえば、遊ぶ玩具、ブロックの色、シャベルの色、箸の色や模様、靴の色や模様等にこだわります。

エピソード 36　女の子って、素敵でしょ？

観察者がメモしているところにゆかちゃん（３歳11か月）が来て、「女の子って、素敵でしょ？」と言うので、観察者が「うん」と言いながら、自分の顔を指して「私は？」と聞くと、「女の子」と言う。観察者が少しからかって「女の子？」と聞き返すと「わかんない」と言う。続けて「男の子でしょ？」と切り返すと、ゆかちゃんは「ううん」と頭を振る。さらに「男の子よ。私は」と観察者が言うと、今度は「ちがう。女の子」とはっきりと言う。

> **エピソード　37　いいの、ゆうたはお母さんだから赤なの**
>
> 　園庭で遊ぶことになる。玄関でひろお君（5歳6か月）とゆうた君（5歳0か月）とがいっしょにいて、靴を履いている観察者に「〇〇さん、いっしょに3人で遊ぼう」とゆうた君が言うので2人についていく。門の近くの大きな木の後ろで遊ぶことになる。近くのドングリを拾ったり、砂を集めたりしている。そのうち、ゆうた君が「シャベル取ってくる」と砂場に行って、シャベルを2つ（赤と緑の）持ってくる。するとひろお君が「ゆうた君、お願い（1つ貸して）」と両手を合わせて言う。ゆうた君は、最初に赤いシャベルを渡そうとするが「やっぱり、こっち」と緑のシャベルを渡す。するとひろお君はそれを受け取りながら「男は緑だよ」という。ゆうた君は「いいの、ゆうたはお母さんだから赤なの」と意識的に赤いシャベルを選ぶ。

　そんなこだわりのなかで、ゆうた君が持ってきた赤と緑のシャベル。それを借りるのだから、ひろお君は、自分は、当然赤のシャベルを貸してもらうことになると考えています。なぜなら、自分だったらそうするからです。ところが、ゆうた君はひろお君が予想したとおりに、最初は赤いシャベルを貸そうとしながら、途中で緑のシャベルを貸してくれます。ひろお君は「ゆうた君は男の子だよ。そして赤と緑のシャベルを持ってきたのはゆうた君だよ。いいの？　緑を貸しても」と言っています。しかし、ゆうた君も最初はそうしようと思い、多少の迷いがあったのですが、男でも今はお母さんの役割をしているのだから「赤」を選択するというように、その場に応じて「これまでに獲得した秩序」からの自由も見られます。

　以上（1）と（2）からこの年齢においては、秩序は欲求と対立するも

のとしてとらえるのではなく、そこへ向かうことを欲求する年齢としてとらえることもできます。また、秩序は欲求を充足するために、その場面に応じてこれまでの秩序から自由になり、別の秩序をつくりだすとも考えられます。

2 子ども同士の関係
－相手の内面（気持ち）への気づき－

4歳前後（3歳児クラス）は、それまで、自分の行動・ものなどの一つひとつに向かっていた力が、閉じて「行為する総体」としての自己を獲得することは繰り返し述べてきました。自己が閉じた内側を持つ存在であることの認識は、同時に相手も閉じた内側をもつ存在であることに気づくということであり、4歳前後は、閉じたもの同士の間に向かう時期であるということも先に見てきました。4歳児クラスの子どもたちは間の向こう、つまり閉じたものの内側（相手の気持ち）に気づき出します。

1．ことの当事者同士

1の1．自己を支えるもの（p.74～79）や2．自己の行動を支える秩序（p.83～86）のところで、4歳児クラスの子どもたちの向かう力が、自身の内側（気持ち）に向かい、その内側に広がりがでてきたことを、エピソードを通して見てきました。ここでは、自身の内側と対になっている相手の内側、つまり、相手の気持ちをどのようなやりとりを通して理解していくのかを見ていきたいと思います。

エピソード 38　ずるいわ、私、ひとつ

　園庭に出てすぐ、小さいクラスの子に観察者がセーラームーンのティッシュペーパーを2つもらう。それを見ていたセーラームーンの大好きなゆかちゃん（4歳9か月）が「いいな」と言う。すると、観察者にティッシュペーパーを渡したさっきの子がそれを見て、ゆかちゃんにも1枚渡す。しかし、ゆかちゃんは観察者のように2つほしいらしい。ゆかちゃんは、観察者に「はい、セーラームーンの免許証を見せてください」という。「いやです」と答えると、「ずるいわ、私、ひとつ」とゆかちゃんが続けて言う。

　観察者はなおも「私が2つもらったんです」と言う。ゆかちゃんが「私も2つほしいから1つちょうだい」。観察者は「あげると私が1つになってしまう」と抵抗すると、「いいでしょ」と言いながら、観察者の言う意味に気がついたらしく少し複雑な表情になりながら言う。観察者が黙っていると、少ししてまた「セーラームーンの免許証ください」というので、観察者「いや」と言う。するとゆかちゃんは「あげないのは意地悪なんだよ」と言う。そばでそのやりとりを見ていたりょう君（4歳8か月）が「そうだよ。ちょうだいって言われたとき、あげないのは超いじわるなんだよ」という。観察者が少し考えて「じゃ、1つどうぞ」と渡すと、ゆかちゃんは思いがけないことが起こったというように少し戸惑いながらもらう。そしてすぐ「じゃ、私のも1つどうぞ」と自分が持っていたセーラームーンのティッシュペーパーを観察者に渡そうとする。観察者は驚いて「え、いいの、また1つになってしまうよ」と言うが、「いいの」と言いながら渡すので、受け取る。

　エピソード38を通して、相手の気持ちをどのようなやりとりを通して理解していくのかを整理すると次のようになります。

①大好きなセーラームーンのティッシュペーパーがほしい（2枚ほしい）のに、自分は1枚しかもらえない。そこで、
②自分の欲求充足（2枚ほしい）のために、行動の基準をもちだす、つまり「免許証見せてください（ちょうだい）」と言うが、

> 免許証：ゆかちゃんは、朝の時間外保育のときなど、女の子の絵をたくさん描いています。観察者が「1枚、ちょうだい」と言うと「ほしいの？」と言ってうれしそうに1枚渡す。観察者が女の子の絵がきれいに見えるように四角に折って「免許証にしよう」と言う。すると、ゆかちゃんは観察者が保育室に入るたびに「免許証を見せてください」と言う。観察者が免許証を見せてから入室するという遊びが3週間（3回）続いていた。今日も「免許証は？」と言われて見せて保育室に入った。

③相手（観察者）の「あげると私が1枚になってしまう」というゆかちゃん自身の欲求を阻むことばに、
④それまで、自分の気持ち（2枚ほしい）というところから、やりとりしていたゆかちゃんが「今、1枚しかなくて不満に思っている自身の状態」を相手に重ねて複雑になる（自身の気持ちを通して相手の気持ちに気づく）。
⑤しかし、自分の欲求のほうが強力であるので、再度「ちょうだい（免許証見せてください）」と言う。そして「あげないのは意地悪なんだ」という行動の規範をもちだして迫る。
⑥相手（観察者）に、自分（ゆかちゃん）の欲求を受け入れられることで、自分の欲求がかなえられる。
⑦欲求を満たしたそのことが、相手の1枚しかなく不満な状態へ気持ちを向かわせる。
⑧そして、相手が自分にしてくれたように、自分も相手にティッ

シュペーパーを渡してあげる（相手の気持ちを思いやる）。
⑨相手が、「1枚でもいいの？」とゆかちゃん自身の気持ちを察してくれたことで、
⑩自分は1枚でもいいことを納得する。

　というように①〜⑩に整理され、この流れを見ると、自身の欲求を思いのままに表現して、そこで展開されるやりとりを通して、自分の気持ちが相手に受け入れられることで、自身が経験した不満な気持ちを相手に重ねて相手の気持ちを思いやり、自身の気持ちをコントロールして相手の気持ちを受け入れることが可能になると考えられます。また、同じように下のエピソード39を整理すると次のようになります。

エピソード 39　あのね、まーちゃん、消防車はね、火を消してくれるから、やさしいんだよ

　朝、保育者が今日の予定を話している。今日は消防署の人たちが来て、消防署の仕事を理解してもらうとともに、親睦をはかる催しがあることを説明している。そのとき、まさたか君（4歳9か月）が大きな声で泣き出す。よく聞くと「こわいよー。こわいよー」と言って泣いている。保育者がそばに行って「大丈夫だよ、先生もいっしょだから」となぐさめるが泣きやまない。

　今日の行事の説明が終わり、それぞれ帽子をかぶって園庭に出ていこうとしているところへ、ゆかちゃん（5歳2か月）が遅れ気味に登園してくる。ゆかちゃんはゆかちゃんで目に涙をためて、母親の手をしっかりと握っている。母親が動くたびに「まってよー」とくっついて歩いている。観察者が「ゆかちゃん、おいで」と言いながらそばに行って手を出すと、その手をつなぎ、それから泣いているまさたか君のところにいっしょに行き、まさたか君にも手を出すとまさたか君も手をつなぐ。そして、遅れてきて今日の説明を聞いていないゆかちゃ

①朝、ゆかちゃんもまさたか君もそれぞれの事情で泣いている。
②ゆかちゃんは、観察者に手をつないでもらう(泣いている気持ちを受け止めてもらう)。
③観察者に、まさたか君の泣いている事情の説明を聞いて、ゆかちゃんはまさたか君の泣いている内側(気持ち)に向かう。
④まさたか君はゆかちゃんの「消防車はやさしい」ということばに、気持ちが動き(不安のるつぼから抜け出し)、「どこにいるの?」と消防車に気持ちが向かう。
⑤そして、遠くから(2階の窓から)消防車を確認し、
⑥もっと消防車への気持ちが強くなる。泣き止んでそばへ行こうとする。

んに観察者が「ゆかちゃん、今日は消防車を見るんだよ」と声をかけると、ゆかちゃんは泣きながらも笑顔になり「ゆかは(園庭に来ている消防車)見たよ」と答える。そして泣いているまさたか君が気になる様子だったので、観察者が「まーちゃんは消防車が恐いんだって」と説明する。するとゆかちゃんはまさたか君の顔を覗き込むようにして「あのね、まーちゃん、消防車はね、火を消してくれるから、やさしいんだよ」と一生懸命に言う。泣いていたまさたか君は泣くのをやめて「どこにいるの?」とゆかちゃんが見たという消防車を見ようとするように体に力が入ってくる。

　ゆかちゃんが「こっち」と園庭が見える窓のところに案内をする。まさたか君は覗き込んで「あれ?」と園庭に止まっている消防車を指さす。ゆかちゃんが「そうだよ」と答えると、まさたか君は園庭に出ていこうと、観察者の手を振りほどいて一人で歩いていく。

このエピソード39のゆかちゃんは、自分自身も母親から離れがたく、つらい気持ちであるが、それを越えて、まさたか君の泣いている気持ちに向かい、消防車は恐くない、火を消してくれるからやさしいんだから泣かなくてもいいと相手の気持ちを思いやるというものです。と同時にこのやりとりを通して、ゆかちゃんは自分の気持ちを平静に向かわせるとも考えられます。

2. 目撃者として

エピソード38、39は、当事者同士としてのやりとりのなかで、相手の気持ちに向かい、そのことで自身の気持ちをコントロールして相手の欲求を受け入れるとか、たとえば、消防自動車に対する相手の恐さが解消できるように試みるというように、閉じられた自身の内側(気持ち)に向かってその内面に広がりを持たせると同時に、相手の内側(気持ち)へ向かい相手を思いやることが理解できます。

これらの同じ場(感情)を共有する、ことの当事者としての経験をくぐって、目撃者(第三者)の役割も取れるようになることを次に見ていきます。

エピソード 40　あぶないから脱いでやりたいって……

　タイコ橋に登りながらゆかちゃん（5歳1か月）が、そばの鉄棒で他の子が前まわりをするのを手伝っている保育者に向かって「先生、クツがブカブカなの」と大きな声で言うが保育者は気がつかない様子である。
　そこを観察者が通ると「先生、クツがブカブカ……」と言いかけて観察者に気がつき、小さな声で「ね、ブカブカなのにね」と同意を求めるように話しかける。観察者が「そうだね、ブカブカだし、あぶないから脱いでやったら」と言うと、ゆかちゃんは、また大きな声で保育者に向かって「クツ脱いで……」と大きな声で保育者に許可を求めると、「もうすぐお昼だから脱がないほうがいいよ」と保育者が答える。ゆかちゃんは自分の気持ちが伝わっていないというような顔で「うんとね、うんとね、クツがね……」とブカブカであることを伝えようとするが、気持ちがはやるのかなかなか最後まで言い終わらない。保育者が「（もうすぐ）運動会だからブカブカじゃないクツが……（聞き取れない）」と言う。ゆかちゃんは「そうじゃなくて、あのね……、んとね……」と保育者の言うことはみんなわかっているが、今日はブカブカのクツを履いてきてしまったことを言いたいのであるが、なかなか伝わらない。
　そのやりとりを滑り台をしながら聞いていたゆうた君（4歳10か月）が「あぶないから脱いでやりたいって……」とゆかちゃんの気持ちを代弁してから、観察者に「ゆうたね、前ね、サンダル履いて保育園に来たんだよ」と言う。観察者が「そう、サンダルで？　ブカブカで遊べなかったんじゃない？」と受け答えると「遊べたよ」と強く否定してから滑り下りる。

前記のエピソード40の、ゆうた君の気持ちの流れを整理すると、
①ゆかちゃんと保育者のやりとりを目撃する。
②自分の気持ちが保育者に伝わっていないと思っている「ゆかちゃんの気持ち」を理解する。
③運動会の練習や当日のことではなく、今、タイコ橋をブカブカの靴では危ないから「脱いでやりたい」と思っているゆかちゃんの気持ちを代弁する。
④それは、自分も以前にまるで同じではないが、ゆかちゃんと同じようにブカブカで動きにくいサンダルを履いてきたことがある。それで、ゆかちゃんが、今ここで経験していることに自分の過去の経験を重ねて、ゆかちゃんの気持ちを生き生きと理解できるから、保育者にゆかちゃんの気持ちが通じるように代弁するというものです。
⑤しかし、「観察者の遊べなかったんじゃない？」ということには、優れていたい自己が顔を覗かせて、強く否定します。
　しかし、エピソード４１は少し色合いが異なるようです。
①エピソード４１のりょうすけ君のように、自分も同じ場所でブランコに乗っているが、自分じゃない他の子が「ブランコ代わって」と言われているのを目撃して「代わってあげなよ、けいたろう君」と自分は代わらないで、言われているその子に代わってあげるように言います。
②また、えみりちゃんやなるみちゃんも、自分の気持ちを、当然かなえられるものとして、ストレートに表現（「代わって」と言ったら代わって）して、代わってくれるまで連呼するなど、まだまだ自己中心的な５歳前後児の姿が多く観察されます。

2 子ども同士の関係

エピソード 41　代わってあげて

　運動会の練習が終わってすぐ、りょうすけ君（4歳9か月）、あいみちゃん（4歳10か月）、けいたろう君（5歳4か月）、きょうへい君（4歳10か月）が4つあるブランコに走っていって乗る。少し遅れてなるみちゃん（5歳0か月）とえみりちゃん（4歳8か月）がかけより、「代わって」と言う。えみりちゃんはけいたろう君の乗っているブランコをつかみながら言っている。すると反対の端っこのブランコに乗っていたりょうすけ君が「代わってあげな、けいたろう君」と自分はブランコを揺らしながら言う。するとけいたろう君は、まだこいでいないのに、代わってあげる。そのやりとりを見たなるみちゃんは、きょうへい君の乗っているブランコをつかみ「代わって」と催促する。すると「きょうへい君、代わってあげな」とさっき、えみりちゃんに代わってあげたけいたろう君がきょうへい君に言うが、きょうへい君は代わってあげない。なるみちゃんは、続けざまに何回も何回も「代わって」と連発する。

　しかし、確実に自他の内面に気づき出して、p.100以降のエピソードに見られるように相手の気持ちを理解した行動もするようになってきています。

3 4歳児の自己　－欲求・現実の論理－

　4歳児クラスで観察された「自己の姿」については、すでに、1の1．の（1）優れていたい自己のところ（p.75～79）で整理しました。ここでは、子どもたち同士の関係のなかで、優れていたい自己がどのように姿を現すのか最初に見ていきます。

　そして、優れていたい（できるはず）自己を脅かす「意識と行動のズレ（思うように身体が動かない）」ことから、コントロールできるものとしての身体（道具としての身体）に気づいていく様子を見ます。

1．「優れていたい自己」を脅かすものとしての他児

　ここでは、まさたか君とりょうすけ君の約3か月に及ぶ「1番をめぐる争い」のエピソードを中心に見ていきます。

3　4歳児の自己

エピソード　42　　2番は1番じゃないんだよ

　プールに入るので着替えをする。まさたか君（4歳6か月）は1番に着替えが終わったらしく、終わった人が並ぶいつもの場所の先頭に並ぶ。少し遅れてりょうすけ君（4歳7か月）が「1番」と言って、まさたか君の後の辺りに並ぶ。まさたか君が「ぼくが1番」と言い返すと、りょうすけ君は「ずるい、ぼくが1番」と主張しもめる。そこへかずま君（5歳2か月）が来て「2番は1番じゃないんだよ」とりょうすけ君に言う。しかし、りょうすけ君は「いやだ、ずるい」と抵抗する。まさたか君は味方がいるので、心強く「ぼくが1番」と頑張る。りょうすけ君は「いやだ、ずるい」とまさたか君を打つ。それを見ていたかずま君が「痛くないよ」と言い、打たれたまさたか君も「痛くない」と頑張る。（…後略…）

エピソード　43　　りょうすけちゃんはいつも1番だもの

　りょうすけ君（4歳7か月）とまさたか君（4歳6か月）で、1番争いが続いているとき、保育者が「いったん、席に戻ります」と各自の席につくように言う。りょうすけ君とまさたか君はそれぞれ席に戻りながら、りょうすけ君「りょうすけちゃんが1番」とまさたか君に言うと、まさたか君「ちがう、まーちゃん」と言い返す。するとりょうすけ君「ばか、あっちへ（さっきまで場所を取り合っていたところを指さし）行ったとき、1番（さき）に座るもの」と言う。まさたか君は「ちがう、1番になりたいからって、2番は1番じゃない」と言い返し、お互いの持っていた水着を入れるバックを投げつけあう。そこを保育者に注意される。

　2人は同じテーブルでそれぞれ席につき、目が合うとりょうすけ君「1番になるもの」とまさたか君に言うと、まさたか君「ちがう、2番は1番じゃない」と言い返す。するとりょうすけ君「りょうすけちゃんはいつも1番だもの」と言うと、まさたか君「ちがう」と言い続ける。

エピソード 44　りょうすけちゃん、1番にならしてあげる

　りょうすけ君（4歳7か月）とまさたか君（4歳6か月）で1番争いが続いているなか、朝の会が始まる。うたっている間中、りょうすけ君は不服そうにまさたか君を上目づかいに見ている。
　歌が終わるとりょうすけ君はまさたか君に向かって「1番」と怒鳴る。まさたか君は「ちがう」と言い返す。りょうすけ君は「(自分を指さして)1番、(まさたか君を指さして)2番」と言う。まさたか君も負けじと「1番、1番」と言う。そのうち、朝のあいさつが終わる。するとりょうすけ君が素早く座り「1番(に座った)」とまさたか君に言う。まさたか君も「1番」と言って座る。
　保育者が「今日のお当番さんは、まーちゃんとみなみちゃん（4歳10か月）」と、当番カードをめくりながら言う。それを聞いてまさたか君「やった」とうれしそうに大きな声で言う。そしてりょうすけ君に向かって「りょうすけちゃん、1番にならしてあげる。なりたい？」と言う。りょうすけ君は戸惑いながら、小さな声で「1番」と言う。

エピソード 45　まーちゃんは2番

　朝の話が終わり、園庭に出る用意をすることになる。りょうすけ君（4歳9か月）は素早く帽子を取りに行き、いつも並んで待つ場所（入り口の近く）に1番に並ぶ。その様子に気がついたまさたか君（4歳9か月）が、急いで、りょうすけ君の後につく。そして、りょうすけ君を覗き込み「りょうすけちゃん1番？」と聞くとりょうすけ君はコックリとうなずく。するとまさたか君は「まーちゃんは2番」と言う。

エピソード 46　争わずに 1 番になる

　園庭に出て遊ぶことになり、例のごとく、所定の場所に列を作ることになる。今日は、まさたか君（4歳10か月）ときょうへい君（5歳5か月）が1番争いをしている。そこへ遅れてやってきたりょうすけ君（4歳11か月）が、当然のように2人の前に出て先頭に並ぶと、2人の争いがおさまる。

エピソード 47　小さい順だよ。まーちゃん

　園庭で消防署の人たちと、サッカーゲームをすることになる。消防署の人の呼びかけに気がついた順番に、保育者を先頭に並んでいる。まさたか君（4歳10か月）が1番に並んでいる。りょうすけ君（4歳11か月）が気がついて駆けつけ、先頭のまさたか君に「（背丈が）小さい順だよ。まーちゃん」と小さい自分が先頭であることを言う。そのやりとりを聞いていた保育者が「来た順です」と言うと、列の後と言っても3番目であるが、そこに、しぶしぶと並ぶ。

エピソード 48　りょうすけちゃんは、ずーっと1番ばっかりだから

　園庭で消防署の人たちと、サッカーゲームをする。一人ずつゴールを目指してキックする順番を並んで待っている。1番目にまさたか君（4歳10か月）、2番目にれいちゃん（5歳3か月）、3番目にりょうすけ君（4歳11か月）である。3番目のりょうすけ君がまさたか君に「まーちゃんが1番なの？」と言うと、2番に並んでいたれいちゃんが「れいちゃんが1番」と言いながら、自分の前に並んでいるまさたか君を2番目に動かして前に行く。まさたか君は自分が2番になっても1番を主張しない。それを見て、りょうすけ君も、れいちゃんの前に行って1番になろうとする。すると、まさたか君は「りょうすけちゃんは、ずーっと1番ばっかりだから」と断る。

3歳児クラスでも、自己を獲得し、その自己は他から区別されたものとして認識され、そして、優れている自己でありたいところから、1番をめぐるトラブルはありました。しかし、全体的に3歳児は、「優れていたい」という欲求に彩られ、1番になりたい2人が、お互いに手続きを踏んで、つまり、「入れて（2番目にそこに参加する）—いいよ（1番目にその場所を所有した）」を言い合うことで、お互いが1番になることができました。2人を切り結ぶ手続きを踏むことで、お互いが内側になることができました。少なくとも内側の2人においては、1番になること（優れている自己）を、脅かすことはありません。

　これが4歳児クラスではどのようになっているのでしょうか。このことを考えていくために、最初にエピソードの42から48を分析していくことにします。

(1) その場の論理

　その場において、早く並んだ順、つまり1番早くその場所に行ったという事実に基づいて、1番を所有することになります。1番を所有するためには、早く並んだ順という暗黙のルール（先優権）が共有されているので、なりたい気持ちを押さえてその「ルール」に従うことになります。

　しかし、相当に「1番」に未練を残して、その場の論理に従うが、たとえば、ブツブツ文句を言って、5番目から4番目に代わってもらうなど、1番でなくても、少しでも1番に近い順番に並ぶことで、気持ちをコントロールするとか、1番に並んでいる相手に恨めしそうに「○○ちゃんは、1番になりたいんだから」と言ってから後に並ぶなどのように、「1番になりたいのになれないとき」に、そのルールに従うには相当の努力が必要のようです。

（2）1番に執着する

　お互いが、1番に並ぶことに強い欲求をもっている場合は、1番争い（欲求の対立）が起きます。たとえば、「今度は1番になる」とか、今日は1番になれなかったけど「（こういうときは）いつも1番だ」と過去・未来を縦横無尽に可逆させて「1番」を所有することに固執しています。
　以上のように、今のここの場を離れて、しかし事実に基づいて時間の枠を拡大（可逆）して主張して、1番を確保しようとします。

（3）別のことで1番になり相手の1番を取り消す

　1番争いの場面を離れて、別の活動に移っても、さっきの1番の所有を引きずり、大きな声で「1番」と怒鳴って、何とか1番を所有しようとするとか、別の事柄で速さを競い、たとえば、うたい終わって、その子より先にイスに腰かけて、「りょうすけちゃん（自分）1番、まさたかちゃん（相手）2番」と、1番になり、さっきの2番を取り消そうとする（時間を可逆させる）が、さっき1番だった子も、さっきの1番に固執して「1番」を主張するので、なかなか決着がつきません。

（4）別の秩序をもちだす

　その場の論理（早く並んだ順）では1番になれないので、別の秩序を用いて1番を所有しようとします。たとえば、「小さい順だよ」と背が小さいのは確かである（つまり、事実は事実である）が、その場を超えた事実をもちだして1番を所有しようとします。この年齢では、小さいより大きいほうがよいと思っているが、それをもちだしても1番になりたいという。大きいことは、よいことだと思っているそのことを否定してまでも1番に固執します。

(5) 1番の習慣化

　1番争いが、3か月も続いて争うそのことが習慣化していくと、そこにある種の秩序ができてきます。

- その場の論理、つまり、先にそこに並んだものが1番であるということから離れて、
- いつも1番争いをしている2、3人の場合、その特定の子ども同士である程度の争いを経験して、だいたいの場合、1番を獲得する子どもが一定してくると、そこには仲間意識が芽生えて、その仲間内の秩序ができあがるようです。そして、仲間うちでは「1番」を争わなくなります。つまり、過去の闘争から「1番」を獲得したその子が遅く行っても「1番目」に並ぶことを了解しあっているようです。
- いつものメンバーでない子どもが1番に（その場の論理に従い）なると、その子どもは、自分たち（仲間）の序列を乱す外側の子（仲間ではない）として、いつものメンバーの攻撃にあいます。しかし、「いいんだよ。みんな1番になっても（その場の論理－早く来たものは、誰でも1番になっても）」とルールを主張すると引き下がって、つまり、その場の論理に従うようです。

　以上、4歳児が優れていたい自己であるために、「1番を所有」することをめぐって争うことを考察してきましたが、この所有に関して、3歳児との違いをまとめると以下のようになります。

　4歳児では、1番を所有することに関して「その場の論理（その場において、早く並んだものが1番）」が行動のベースになることが3歳児より強くなっていることです。

　概して言えば、3歳児は、欲求の論理に従う傾向にあります。つま

り、お互いの1番に対する欲求が強い場合は、お互いの欲求を満たすために、お互いが1番になるということで解決をはかります。しかし、数字の秩序（数列）を獲得した4歳児は、「1番は1つ、2番は1番じゃない」と、1つしかない「1番を所有する」ことをめぐって争うことになります。1番は1つしかないという事実に気づきはじめた子どもにとって、同じく1番を主張する他の子は、優れていたい自己を脅かす存在にもなります。

　しかし、1番を競う子ども同士では、その経験から秩序をつくりだし、その間では安定していくようです。こうして、脅かす者であったものが、自分の位置を安定させるための仲間になっていきます。さらに、獲得した1番に固執しないで、1番になりたい子に譲る場合もあります。

(6) 1番を譲る

　頑張って「1番」を手に入れたが、他にもっと魅力的なものを手に入れることができると、たとえば、今日は「当番」の日であることに気がついたりすると、争っていた相手の1番になりたいという欲求を受け入れて「りょうすけちゃん、1番にならしてあげる」と1番を譲ることをしたりします。また、1番になってはみたものの、サッカーのボールを蹴るための順番である。それをすることにあまり興味がないとき、その1番をあっさりと譲ったりします。

　さらに、自分が所有した1番をめぐって、他の子が競ったりすると、つまり、自分以外に1番になりたい子が2人いるとき、どちらの子どもに1番を譲るかというと「りょうすけちゃんは、ずっと1番ばっかりだから」といつも1番になれない子のほうに譲るというように「公平（平等）の原則・論理」に従って譲ったりします。しかし、多くの場合、好意をもっている子どもに譲るようです。

これは、所有と少し離れますが、次のエピソード49のように、給食当番などで、食器を配る順を見ていると、「自分」それから「好きな子」や「今日いっしょに遊んだ子」から配ることと共通するものであると考えられます。また、遊んでいてケガをしてしまった子がいたりすると「〇〇君が1番」とそのケガをした子どもに、1番に食器を配るなど、自分の欲求から離れて「別の行動の枠」で行動することも観察されます。

> **エピソード 49　　ケガをした子を気づかう**
>
> 　給食前、他の子たちはホールに布団を敷きに行っている。今日の給食当番のりょう君（5歳2か月）とゆうき君（4歳10か月）は残って当番の仕事をしている。それと今日遊んでいるときにケガをしたゆうた君（5歳1か月）がイスに腰かけている。りょう君が「ほら、あったかいの。いる？」とゆうた君を気づかって1番に配る。そして、他の子の分を配っているときに「あ、大盛り」と言って、いつもだと大盛りを見つけると最初に配った自分のものと取り替えるが、今日はゆうた君のところに持っていき「こっち、いる？」と聞く。ゆうた君はうれしそうにニコニコしている。りょう君は「食べられる？（ゆうた君は食べるのがいつも遅い）」と聞くと、ゆうた君は「うん、いっぱい食べるよ」と大きな声で機嫌よく答える。

> 　給食前、ホールに布団を敷きに行くことになる。ケガをして病院から戻ったばかりのゆうた君（5歳1か月）に、保育者が「今日は、先生が敷いてあげるから待っててね」と言う。そのやりとりを聞いていたなるみちゃん（5歳2か月）が、ゆうた君のそばを通り過ぎるときに「私が、敷いてあげるね」と言う。すると、ゆうた君が保育室を出ようとしている保育者に「先生、なるみちゃんがぼくの布団をしいてくれるって」と大きな声で誇らしげに言う。

2．優れていたい自己－傷つきと立ち直り

　優れている自己への欲求は、人の生きることを根源的に支える感情です。優れていることの中身は、どのような考え方のなかで、どのような経験を重ねるかということで方向づけられ、その内容はさまざまです。

　ここでは、りょう君のエピソードをもとに、りょう君が何に傷つき、その傷つきからどのように立ち直っていったか。その過程で、りょう君（5歳2ヵ月）は何を獲得したのかを考えてみます。

（1）じゃんけんの結果に気づいてもらえない

　12月の寒い日に、りょう君のクラスは、園庭に出て、保育者といっしょに「たかおに」をすることになりました。鬼になりたい子が大勢いたので、ジャンケンで決めることになりました。

　保育者はジャンケンの様子を見て「グーの人だけジャンケンして」と言い、かずま君（5歳7か月）とけいたろう君（5歳7か月）が、ジャンケンを始めようとすると、りょう君が「ぼくもグー」と言う。しかし、保育者と2人には聞こえなかったようです。もう一度りょう君が「ぼくもグー」と言う。かずま君が気づいて「じゃ、3人でジャンケン」と言って3人ですることになりましたが、りょう君は泣きそうな顔になり、ジャンケンの輪を離れて、少し離れたところの鉄棒に寄りかかり、顔を伏せてジャンケンをしません。かずま君とけいたろう君は、2人でジャンケンをして、鬼ごっこが始まりました。

　りょう君は鉄棒に顔を伏せたままです。そこへ、さっきの成り行きを見ていたゆうき君（4歳10か月）が寄って行き、りょう君の手を引っ張って、鬼ごっこの仲間に誘うが、りょう君はその手を振り払います。

ゆうき君が「どうしたの？」と顔を覗き込みながら聞くが、りょう君は、顔を伏せたままなので、ゆうき君は、鬼ごっこに戻ります。
　少しして、さっきジャンケンをした、かずま君が寄ってきて、何やら話しかけると「うん」とうなずいて涙をふいて仲間に入ります。

（2）「先生が知らんぷりしたの」

　りょう君は、かずま君に誘われて、「たかおに」の仲間に、いったんは入ったが、少ししてまたさっきいた鉄棒のところに戻って顔を伏せて泣いています。また、かずま君が寄ってきて「どうしたの？」と聞くと、そばにいたゆうき君が「○○先生が、（ジャンケンに）入れてくれなかったんだって」とりょう君に代わって答えます。すると、かずま君は「大きな声で入れてって言えばいいよ」と、仲間に入る入り方を言います。りょう君は「入れてくれないんだもの」と泣きながら答えます。かずま君「(先生が) ダメって言ったの？」と聞くと、りょう君は「ちがうの、知らんぷりしたの」と言う。すると、かずま君は「ちゃんと言わないからだよ。大きい声で言えばいいよ」と言うがりょうは泣いています。かずま君は「おまえ、いいの？（泣いていると遊ぶ）時間がなくなるよ」と言うが、りょう君は「いいよ」と言って泣きじゃくっています。かずま君は、りょう君のそばで少し途方にくれています。
　クモの糸が、鉄棒に下がっているのをかずま君が見つけて「あ、生きてる。糸が」と言うと、りょう君は顔を上げて、ゆれている糸とクモを見ます。かずま君はまた「言ってくれば、もう１回」と言うが、りょう君は「いいよ」と答えながら鉄棒を前回りします。
　かずま君はあきらめきれないのか、保育者のところに戻って何やら話しています。そして戻りながらりょう君に「いいよって」と伝えます。保育者も寄ってきて、りょう君に「いいよって言ったよ。聞こえ

なかった?」とりょう君に言うが、りょう君は横を向いてそのことばを避けます。それから、鉄棒にぶらさがっています。かずま君「○○（りょう君の名字）、先生がいいって言ったじゃないか。いいのか？ ○○（りょう君の名字）、いやだ？」となんとか鬼ごっこに誘おうとします。りょう君は、大きな声で「いいよ、一人でカクレンジャーごっこするから」と言う。かずま君「おれも入れてくれるの？」と、かずま君はりょう君と遊びたい様子です。

(3)「遊びに入りたい」

　りょう君とかずま君はしばらく、「○○先生が"たかおに"に入れてくれない」「いいって言ってるよ」のやりとりをした後で、りょう君はみんなが遊んでいるジャンケン陣とり（このころには、"たかおに"から陣取りに遊びが移っている）のところに行き、保育者の後に立っています。保育者が、「いっしょに遊ぼうよ」と誘うと、りょう君は泣き出します。

　保育者は、さっきの「たかおに」の件は、誤解であることをしゃがんで、りょう君の顔を覗き込みながら話しています。りょう君は涙をふいて、遊びの輪には入らないが、遊んでいる輪のそばに立って見ています。

　そのうち、他の子の動きに合わせてウロウロと動き出します。それから保育者のそばに行き、何やら言ったかと思うと、かずま君のグループに入ります。かずま君は相手のグループの一員になっている保育者に「りょう君やるって」と大きな声で言います。それから、りょう君は、今までのことがうそのように遊び出しました。

　(1)〜(3)に従って、りょう君の行動と内面の動きを整理していきます。

①りょう君は、みんなといっしょに「たかおに」に参加する。
②鬼になりたい子どもが、大勢いたので鬼になりたくて、ジャンケンする。なかなか決まらない。
③保育者が「グーを出した人」だけでジャンケンするよう言う。そして、かずま君とけいたろう君でジャンケンするように言う（りょう君は、そのように理解した）。
④りょう君は自分もグーを出したことを言うが、保育者には気づいてもらえない（と、りょう君は思った）。もう一度言う。
⑤2度目に言ったときに、かずま君が気づいて「3人でジャンケン」と言うが、りょう君は泣きそうな顔になり、その場を離れる。
⑥りょう君は、保育者に気づいてもらいたかった。保育者に認められたかった。
⑦大勢の子どもたちで、わいわいやりながらの「たかおに」の始めなので、その場を離れたりょう君に気づく子が少ない。かずま君はジャンケンをすることのほうに気持ちが向かっている。
⑧「たかおに」が始まる。
⑨「たかおに」が始まっても、りょう君は鉄棒に顔を伏せて泣いている。そこへ、これまでのなりゆきを見ていたゆうき君が鬼ごっこに誘う。
⑩しかし、りょう君は動き出しそうにないので、ゆうき君は鬼ごっこに戻る。
⑪それから少しして、さっきジャンケンに誘ったかずま君が来て、誘うと、涙をふいて鬼ごっこに参加する。
⑫しかし、また、もとの鉄棒のところに戻って顔を伏せて泣いている。
⑬かずま君は、りょう君がいったんは参加したのに、また、戻って

いるので「どうしたの？」
⑭そのやりとりを見ていたゆうき君が、泣いているりょう君に代わって「先生がジャンケンに入れてくれなかったって」と、りょう君の自分もグーを出したことを気づいてもらえなかったことを悲しんでいることを説明する。
⑮りょう君は「入れてもらえなかった」のではなく、「知らんぷりされた」ことが悲しいことを説明する。
⑯かずま君は、「入れてもらえなかった」のならば、先生には聞こえなかったのかもしれないのだから、大きい声で、ちゃんと言えばいいと言う。
⑰りょう君は先生に聞いてほしいのだから、ゆうき君やかずま君に誘われても参加できない。だから泣き続けるしかない。
⑱かずま君は途方にくれる。
⑲3人の時間が止まったような空間、悲しみのなかのりょう君、戸惑うかずま君、このとき、かずま君の気持ちはりょう君へ向かうというより、気持ちの行き場を失って、周囲に拡散していたのか、その場面に関係のないくもの糸を発見する。「あ、生きてる。糸が」
⑳この場に関係のない「あ、生きてる。糸が」で、2人の気持ちが一つの方向に向かい、行き詰まった場面を打開する。
㉑かずま君が保育者に、りょう君の気持ちを伝えにいく。そして、先生の気持ちをりょう君に伝える。
㉒すぐ、保育者もりょう君のところに来る。そして、誤解であることを伝える。
㉓りょう君は保育者の声を、横を向いて避ける。
㉔保育者は鬼ごっこに戻り、かずま君「先生がいいって言ったじゃないか」、なんで参加しないのかとりょう君に言う。

㉕それでもりょう君は「一人でカクレンジャーごっこする」という。それを聞いて、かずま君は「おれもいれてくれる？」と仲間になりたいと申し出る。

㉖しかし、2人の遊びはなかなか発展しないので、かずま君はみんなのなかに戻る。

㉗りょう君は、気持ちがおさまってきたのか、みんなの遊んでいるジャンケン陣取りのそばに寄って行く。そして、保育者の後ろに立っている。

㉘保育者が「いっしょに遊ぼうよ」と誘うと泣き出す。保育者はもう一度、さっきのジャンケンの件は誤解であることを言う。しゃがんでりょう君の顔を覗き込むように話している。

㉙りょう君は涙を拭いて、遊びの輪のそばに立っている。そのうち、みんなの動きに合わせて動き出す。

㉚りょう君は保育者のところへ行き、たぶん、遊びに参加することを保育者に伝えたのだと思うが、かずま君のグループ入る。

㉛かずま君にも自分は遊びに参加することを伝えたのだと思うが、心配していたかずま君が「先生、りょう君、やるって」と伝える。

㉜りょう君は、それまでがうそのように遊び出す。

　りょう君の行動を整理すると、①〜㉜のようになります。りょう君は4歳クラスの途中入園（9月）で、このエピソードまでの保育園の生活は3か月ほどです。また、観察日は月曜日の朝の時間ですから、なかなか遊びに入り込みにくい条件がそろっていたのかもしれません。このような不安定な気持ちを誰かに支えてもらいながら、一日の園生活がスタートしていくのだと思います。

　4歳だから、自分から遊び出せるとか、多少のつまづきは、自分で

3　4歳児の自己

立ち上がれなければと、期待しすぎることは子どもの気持ちを見えなくするのではないでしょうか。りょう君の場合、2度も言ったのに先生に「気づいてもらえなかった（自己が否定される）」ことで、傷つきます。この傷は、受け入れてもらえなかった事情を知っていた、友だちが誘っても、気づいてもらって受け入れてくれた（「じゃ、3人でジャンケン」）かずま君が誘ってもダメでした。

　りょう君自身が、自分の悲しい気持ち、何で悲しいのかをはっきりと意識して、その気持ちを保育者に受け止めてもらうことでしか癒されにくいようです。もちろん、りょう君が自分自身の気持ちに気づいていくプロセスで、ゆうき君の代弁や、かずま君がみんなから離れて自分といっしょにいてくれたことで、気持ちの立て直しがはかれたのだと思います。そして、保育者の説明、気づかなくて悲しい思いをさせたことへの謝り（りょう君の自己が肯定される）があり、悲しみ（傷）が癒えていく。そして、自ら遊びに参加することを保育者に伝えて遊びに参加することになります。遊びに熱心に誘ってくれたかずま君のグループに参加し、かずま君にもその意思を伝えて、これまでの気持ちを整理して存分に遊び込むということになります。

　4歳児は、これまでに見てきましたように、自他の内面に敏感になっていくときです。りょう君のような感情の揺れ動きを豊かに経験することが、豊かな感性を育てることにつながると考えられます。感情の揺れ動きは、悲しみや怒り、喜びや楽しさの経験を豊かにということで、その揺れ動きにつきそう、「他（子ども、大人）」の存在が重要になります。特に大人は、子どもを肯定し（子どもの側からは、どのような自己の状態も受け入れられ）、その感情がまとまりをもつように手助けして、子ども自身で、自分の感情に決着がつけられるよう配慮することが重要になります。

3．優れていたい自己－内面と身体のズレ

　自己を構成する要因として、先に整理したことに従うと、自己の中核としての欲求（気持ち＝内面）と欲求を実現する場としての身体（これは内外を分ける境界をつくりあげる）、そして、自分の行為の及ぶ範囲としての自己の領域、それらを所有する「私」という感覚（これは時間を含む）が上げられます。

　4歳児は欲求（気持ち）を表現するものとしての身体に敏感になるようです。ここでは、自分の欲求（気持ち＝内面）と欲求を表現する場としての身体の関係を見ていきます。

エピソード 50　　どうやって切るの、教えて

　保育者が提灯（ちょうちん）の作り方を説明している。その説明を聞きながら、かずま君（5歳2か月）は、説明を聞くたびに「黒い線のところを切るの？」とか、「どうやって切るの？　教えてくれ」とか「お手本を見せてくれ」とか、自分はどうするのかを動作を思い浮べて聞いているらしい。保育者がハサミの持ち方を説明しているときに、「ここは？」と保育者がハサミの指を入れる一方の穴を指さすと、かずま君が「お母さん（指を入れるの）」と答え、「前、教えてもらったから知ってる」と言う。保育者が提灯の線を、「チョキチョキ」と言いながら切って見せると、保育者のチョキチョキに合わせて頭をフリながら見ている。かずま君は保育者の動作を見ながら「黒い線を切るの？」と聞くと、保育者は「そう」と言いながら切っている。説明が終わって、黒い線で提灯の形を描いた紙が渡されると、その線を指でなぞりながら、「先生が描いたの？」保育者「そうだよ」、かずま君はハサミを持ちながら「黒い線をきるの？」と言いながら切りはじめ、「先生、こう？」と何度も確かめながら慎重に切っている。

エピソード 51　描けない。どうやって描くの？

　製作の時間、保育者があらかじめ点線で、まる、三角、四角、ばつ、波線などが書かれている画用紙を渡し、説明をする。最初は点線の図形をクレヨンでなぞって描いて、それからフリーハンドで書くように話す。みなみちゃん（4歳10か月）はお手本のなぞって描く部分はさっさと進んでいく。

　フリーハンドのところでじっとして描かない。観察者が「空いているところにも同じように描いてごらん」と言うと、「だって、描けない」とみなみちゃん。「大丈夫だよ。描けるよ。描いてごらん」と促すと、ばつのところを描く。「描けるじゃない。ね？」というと、次は三角のところにとりかかろうとするが、なかなか手が出ない。隣りの席のきょうへい君（4歳11か月）の描いているのを見て（きょうへい君は三角のフリーハンドのところは描き終わっている）、「きょうへい君、どうやって描くの？」と聞くがきょうへい君は描くのに夢中である。観察者が「ほら、ここと同じよ」ときょうへい君の三角のところを指さすと、意を決したように描き始める。しかし、三角のとんがりが下になり手本とは逆の三角にできあがる。

　みなみちゃんはクレヨンでかいた逆の三角を指で消しながら、「描けない」と言う。観察者が「描けてるよ。三角、とんがりが3つあるよ」と言うと、みなみちゃん「だって裏返しになっちゃうんだもの」と手本と違うことを言う。「あ、そうか」と最初に描き始める位置を示してやると、そこからクレヨンをすすめスイスイと三角が描ける。すぐ、次の三角を描き始めるが、また逆の三角になってしまう。それを指で消しながら、また手本どおりに描こうと挑戦する。

エピソード 52　上手じゃないよ

　みんなで、折り紙で栗を折ることになる。保育者が「ここのとんがりと、こっちのとんがりをこんにちわって合わせて、そして真ん中にピッて、アイロンかけてください」と言うと、ゆうき君（4歳9か月）はその説明を聞いてとりかかる。端と端を揃えて折って観察者に見せるので、「上手にできたね」と言うと、笑いながら引っ繰り返して、「上手じゃないよ。ほら」と端が重なっていない、白い裏を見せながら言う。

エピソード 53　消すの手伝って

　ゆかちゃん（5歳4か月）は、折紙でおひなさまとおだいりさまを折ってから、「そうだ。お顔、描こう」と言ってクレヨンを出してくる。そして、頭の部分をはみ出さないように注意深く塗っていたが、手が滑ったのかクレヨンがはみ出してテーブルにも塗ってしまう。ゆかちゃんは大変なことをしてしまったと言うように「あっ」と小さな声で叫んで、あわててテーブルに描かれたクレヨンの跡を指でこする。「ケシゴム、ケシゴム」と言いながらしているがなかなか消えない。その様子を見ていた観察者に気づいて「消すの手伝って」と言うので、観察者もゆかちゃんと同じように指でこすると、何回かしているうちに消える。ゆかちゃんが「あ、消えた」と言って、またさっきの頭を塗る続きをしようとして、「あ、そうだ。これでやろう。あったまいい」とひとりごとのように、うたうようにつぶやいて、そばにあったさっき描いた絵を裏側にして、はみ出してもいいようにそれを台紙にして完成させる。

3　4歳児の自己

　エピソード50から53は、4歳児クラスではごく当たり前に観察される子どもの姿です。

　3歳児クラスで見たように、行為する主体であることを獲得した子ども（自己の獲得、つまり、外側から区別された内側をもつ）は、閉じたもの同士の間に向かい、その間をつなぐものとしての約束事に気づいていきました。その子どもたちが4歳児クラスにおいては、エピソードの姿のように「内側の出来事（＝イメージしたり考えたり）」とそれを表現する身体の関係にも敏感になります。

　たとえば、エピソード50のかずま君は、保育者の気持ち（提灯を作る）に、つまり保育者の言うとおりに作りたい（自分の身体をコントロールしたい）と思っています。しかし、保育者の言うとおりに、自分ができるかどうか心配で、何度も何度も自分のこれから取り組む作業をイメージしながら、それを実現する身体をどのようにコントロールしていくのかを確認するように、保育者に積極的に聞いています。保育者にこれからの作業の仕方を何回も聞くことで、身体と保育者の言うとおりに作りたいという気持ちの間のズレを（予測して）埋めようとしています。

　エピソード51のみなみちゃんは、できるところ（つまり、保育者の手本の線をなぞる部分）は取り組みますが、練習したことを今度は、自分で描いてみるという部分は、思うように身体が動かないことを予測して「できない」を連発しています。大人に励まされて、そして隣のきょうへい君は描いているのを見て、それに励まされて描くが、手本のとおりにいかない、三角形が裏返し（反対）になってしまうと何回も消して描き直すというものです。

　3歳児では、イメージのように、あるいは手本のように描きたいと何回も描きなおすことはしません。描いたら、よくできた（欲求の論

理)という思いのなかに住んでいるので、お手本からあるいはイメージしたものとズレていても、あまり問題が起きませんでした。しかし、自分の欲求とはかならずしも同じではない事実があることに気づき出した4歳児はそうはいかなくなります。

　そして、エピソードの52の、ゆうき君のように、「折り方が上手だね」と言われても、自分はうまく折れていない（保育者の言うように三角の山と山がぴったりと重なっていない）ことを認めるようにもなります。これは優れていたい自己にとっては、大変な努力がいることです。

　同じような場面で、エピソード53のゆかちゃんは、イメージしたように動作ができなくて（おひなさまの頭を塗ろうとしたら、はみ出てテーブルに描いてしまった）あわてます。もとに戻そうとして消そうとします。ようやくもとに戻って、次の行動を予測します。つまり、またはみ出すかもしれない。しかしそれはいやだ。そこで、はみ出てもいいように工夫（台紙を敷いて、はみ出てもテーブルが汚れないように）して取り組みます。

　以上のように、日常の一こま一こまで、身体と気持ちの関係、つまり表現するものとしての身体、欲求を実現するものとしての身体（道具としての身体とでも表現できそうな）を意識し、それと同時に、表現のための技能も獲得していきます。たくさんのものごとに取り組んで器用さを増していきます。その獲得した器用さが、ますます意欲的に行動することを駆り立てます。しかし、4歳児の一般的な行動傾向として「できない」「できない」と、初めてする行動などには躊躇することが多いようです。

　この部分に、大人がどのようにかかわるかが重要になります。少なくても「頑張ればできる」という単一のかかわり方だけでは、むずかしいと思われます。

4．「優れていたい自己」から「しなやかな自己」へ
　－自己を見るもう一つの視点の獲得－

> **エピソード 54**　　バババ残っちゃった
>
> 　ゆかちゃん（5歳4か月）、ゆうた君（5歳1か月）、れいちゃん（5歳5か月）、かずま君（5歳7か月）、ゆうき君（4歳11か月）の5人と保育者で、円になって、ババヌキをしている。5人とも3枚から4枚のカードになっているが、なかなか同じカードが揃わない。
> 　れいちゃんからジョーカーを引いてしまったゆうた君。次の番のゆかちゃんに、このジョーカーを引いてもらいたい。3枚のカードを持っているが、ジョーカーを真ん中にして、他のカードより一段と高くしている。そして、ゆかちゃんに「真ん中、真ん中」と真ん中を引くように言う。ゆかちゃんもジョーカーは引きたくないので、端っこのカードを引こうとするが、ゆうた君が力を入れてカードを押さえるので、なかなか引くことができない。それを見ていた保育者が「どれを引いてもいいんだよ」と言うが、ゆうた君はどうしてもゆかちゃんにジョーカーを引いてもらいたい。今度はゆかちゃんが引こうとした端っこにジョーカーのカードを移すが、その作業に必死なのでゆかちゃんがそれを覗き込んでいることに気がつかない。ゆかちゃんは、ゆうた君が変えたジョーカーとは反対の端のカードを引こうとするが、ゆうた君は力を込めて引かれないように頑張るが、ゆかちゃんもジョーカーは引きたくないので、そのカードを力づくで取り上げる。ジョーカーを残されたゆうた君は大きな声で「ハッ、ハッハ」と笑いながら残ったジョーカーをみんなに見せると、それまで息をつめて2人のやりとりを見ていた全員で、大きな声で笑い合う。

エピソード 55　　ケンパー、見て

　朝、観察者が席についていると、りょうすけ君（4歳9か月）が観察者の背中から顔を出して「ね、ね、見て」と観察者を振り向かせて、「ケンパー、ケンパー」と言いながらケンパーをして、やり終えて得意そうに振り向くので、「上手になったね（運動会の競技のなかに含まれていて練習をしていた）」と言うと、もう一度する。すると滑って転ぶ。その格好がおもしろいのでそばにいたみんなが笑う。りょうすけ君は、転んだときはすごい顔をしていたが、自分でも笑う。そして、もう一度する。今度はわざと転んでみんなを笑わせる。

3　4歳児の自己

エピソード54、55のように、子どもはいつごろから「自分あるいは自分のしたことを笑う」ようになるのでしょうか。

エピソード 56　大人の反応を見る

朝の保育室、観察者のそばでブロックを組み立てて遊んでいたかおりちゃん（2歳4か月）が、組み立てながら観察者の膝に座ろうとして、つるっと滑って床に滑り落ちてしまう。観察者が「あああぁ……」と声を上げると、かおりちゃんは大きな声で笑って、今度はわざと滑り降りて観察者の顔を見て笑う。

エピソード 57　れいちゃんがいない

朝の保育室、観察者とれいちゃん（4歳0か月）が、くすぐりっこをして遊ぶ。れいちゃんは、体をよじって腹ばいになりながら笑っている。遊び続けているうちに、顔をゆがめておもしろい顔をするので、観察者が大げさに「わーっ」と驚いたように言って、くすぐるのをやめると、その様子を見ていたゆかちゃん（3歳11か月）がすかさず「おばけ」と言う。観察者は「あれ、れいちゃんがいない、変な顔の子はいるけど」と言うと、その顔をやめてニコニコするので「あー、よかった、れいちゃんがいた」と言うと、ゆかちゃんが観察者に、さっきの変な顔もニコニコ顔のれいちゃんであることを言おうとするが言葉にならない。そして、もどかしいのかれいちゃんを打つ。れいちゃんはまた変な顔をするので観察者も遊びを続けていると、ゆかちゃんも同じように顔をゆがめて変な顔を作る。「あれ、ゆかちゃんもいなくなった」というと2人で大喜びをして、その遊びを続ける。

自分の行為や表情などについて、笑うことをしはじめるのは、見られることを意識する2歳前後からのようです（エピソード56）。つまり、自分の身体を獲得して、おぼろげながら自己の輪郭に気づき出したころということでしょうか。エピソード56、57に見るように、誰かに見られることを意識して、楽しさの共有を求めて笑いをつくり出そうとしていることがわかります。57のゆかちゃんとれいちゃんは、自己（優れていたい）を獲得した後であるが、「変な顔を作る」ということは、自己を傷つけるものではなく、楽しさを生み出すものです。それは観察者の「れいちゃんがいない（変な顔はれいちゃんではない）」ということばで、優れていたい自己は優れたままで、遊びを楽しむことになります。

　もちろん、4歳児クラスになっても、かおりちゃんのような行動は頻繁に観察されます。しかし、エピソードの54、55のゆうた君やりょうすけ君の「笑う」は、その場を共有する他の子たちといっしょに「自分を笑う」ということで、複雑な笑いです。

　エピソード54の子どもたちは、ババが最後まで残った人が負けであることを理解しているので、当然、ババから遠ざかっていたい。ババを引いてしまった子どもは顔色が変わり、ババが引かれると喜びの笑顔になるので、そばで見ていてもババを持っている子が誰であるのかよくわかるほどです。何回も負けが続いたり、いっしょに遊ぶということを通り越して、「勝つ（優れていたい自己が強力）」ことにこだわると、最初からゲームに参加しなかったり、勝てるように工夫したりします。この日も、このババ抜きに参加しないで、2人でカルタ取り（一人が読んで一人が取る）をしている子どももいました。

　このとき、ババを引いてしまったゆうた君は、なんとかして次のゆかちゃんに引いてもらおうと努力をします。その努力の仕方が自己中

心的でこの年齢の特徴をよく現しています。しかし、引くほうのゆかちゃんも、何回もババ抜きを経験していて、今のゆうた君と同じ状況も経験しているので、ゆうた君の動き（それにともなう気持ち）はよく理解できます。言ってみれば、2人の間は、何の駆け引きもなく（ゆうた君はあれこれ画策しているつもりでいるが）素通しの状況で、なかなか決着がつきません。他の子どもたちもゆうた君とゆかちゃんの気持ちが手にとるように理解できています。そして、ゆうた君が動いているときは、ゆうた君の視点でその状況にあり、ゆかちゃんが動いているときは、ゆかちゃんの視点でその状況にあるので、固唾を飲んで見守るしかない。大人である保育者は、ババ抜きというゲーム（勝ち負けを楽しむもの）をしているので「どれを引いてもいいんだよ（ゆうた君はそんな画策をしていないで、ババを持っていないときと同じようにやるんだよ）」と言いますが、子どもたちは、全員、「引く（負けるかもしれない）－引かれる（勝つかもしれない）」という場の渦のなかにあるので、保育者の言うことには反応しません。

　ようやくゆかちゃんが力ずくで、ババではない（自分が引くカードはババではないことを確信して）カードを引く。ババを引いてほしくて（勝ちたくて）いろいろの努力をしたゆうた君は、大きな声で笑いながら残されたカード（自分はババを持っている）をみんなに見せることをします。するとさっきまで、その場面で2人の気持ちを行ったり来たりしていた全員が大きな声で笑い合い、そして、その場面に決着をつけてゲームは続けられていきます。

　ゆうた君は、日ごろ、勝ち負けにこだわりが強く、ゲームに参加することが多いほうではありません。ババが引かれずに残ってしまったこと（優れていたい－ババを持ちたくない）で、優れていたい自己が窮地に立たされます。その窮地を笑うことで切り抜けます。ババを持っ

た自己がその場に踏みとどまることになります。つまり、ババを引いた自分をみんなの視点で受け止めることになります。そして、みんなといっしょに「自分を笑うこと」で、ババを引いた自分を受け止めていきます。

　同じように、エピソード55のりょうすけ君、「ケンパー」は、運動会の種目でした。りょうすけ君はなかなかできるようになりませんでした。運動会（土曜日）が終わって次の月曜日、たぶん、運動会のときにケンパーができたのでしょう。観察者が、練習に少しつきあっていたので、できるようになったことを見せにきました。そのできるようになって得意になっているときに、転んでしまいます。りょうすけ君は「こんなはずじゃなかった」とすごい形相になります。そのりょうすけ君が転ぶ格好が、あまりに見事で、ユーモラスだったので、観察者といっしょに見ていた他の子どもたちが笑います。りょうすけ君も苦笑します。そして、今度はわざとおもしろく転んで、みんなを笑わせ、自分で自分を笑うというものです。

　この２つのエピソードから、自身の「自分を見る目」のなかに、自分を見る他者の目（周囲の仲間）を取り込み、自身では耐えられない窮地を、取り込まれた他者の目で、自分を見ることで切り抜けると考えられます。

　この自分を見る「他者の目」を取り込むことで、つまり、自身の今の欲求を離れて自分を見ることで、「優れていたい自分」という認識だけではなく「おもしろい自分」（自分で自分の格好をおもしろいと思う）へとその認識を広げていくのではないかと考えられ、優れていたい欲求の強い自己のありように、しなやかさが加わります。

　４歳児は、現実に気づき出し、優れていたい欲求のままの自己ではいられなくなります。自己の欲求を離れた「もうひとつの目」で、「自

分を笑う」、他の目に映る自分を受け入れることで、「自己の内側をみる目の広がり」が出てくるのだと考えられます。

5．しなやかな自己へ
　－陣取り遊び（勝ち負けのある遊び）のもう一つの意味－

　人は「自分が優れている」つまり、自分はよいもの（自己肯定感）であることを支えに生きています。

　自他が区別されたころの３歳児は、区別された内側（自己）は、優れていたい欲求を強くもちます。この優れていたい欲求は、自己を肯定する感情であり、意欲的に生きることを根底で支えています。ですから、これまでに見てきたように、概していえば、３歳児は、優れていたい欲求に彩られた自己を主張して、同じような欲求をもつ子ども同士の集団では、対立が起きます。と同時に、この対立を通して、自他の区別を鮮明にさせ、その区別されたものを切り結ぶものとしての約束（ルール）を獲得しました。

　このような欲求が対立する経験を通して、４歳児は、区別された内側（気持ち）に敏感になります。子どもたちは、自分の気持ちをより深く経験して、深いところで、自分の気持ちに気づき出します。自分の気持ちに気づくということは、相手の気持ちに気づくことでもあります。一方で、子どもたち同士がいっしょに遊ぶことで、みんなと遊ぶことは楽しいということもたくさん経験してきています。

　このように、他と対立したり、共有したりすることの両方の側面が、子どもたちを育ててきました。

　こうして育ってきた４歳児は、「対立と共有」をいっしょに経験できる集団での、勝ち負けのある遊びが可能になる時期ではないかと考えられます。

(1) 陣取り遊び

　子どもたちが2つのグループに分かれて、決められたルールに従って、相手側の陣地に先に乗り込んだほうが勝ちというあの遊びです。

　観察されたクラスの陣取り遊びは、下図のように、2つのグループに分かれ陣を結ぶ曲線上をはみ出さないように走って行って、出会ったところで、ジャンケンをして、勝ったほうが前に進み、負けたほうの子のグループは、次の子が走って行って、出会ったところでジャンケンをして、先に相手の陣地に到達したグループの勝ちというものでした。

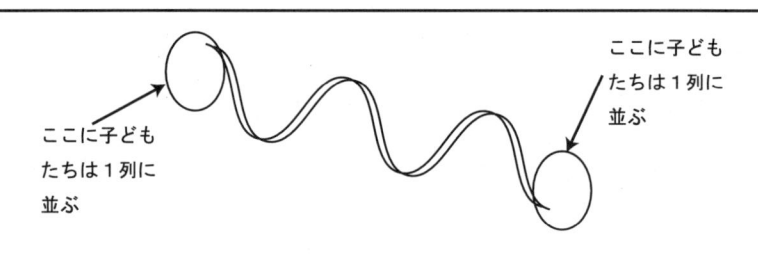

```
ここに子ども              ここに子ども
たちは1列に              たちは1列に
並ぶ                    並ぶ
```

陣取りゲームに要求される力

・自分の陣地と相手の陣地を理解する（自他の区別）。

・描かれた線にそって、できるだけ早く走る（身体を線に向かわせてコントロールしながら走る）。

・出会ったところでジャンケン（ジャンケンのルールの理解）する。

・ジャンケンに勝ったほうが進み、負けたほうは次の子が、相手を迎え撃つということを、全員が理解する。

・注意を持続させる力がある。

・競うことのおもしろさを共有する。

　以上のように陣取り遊びに要求される力を見ると、これまで見てきた4歳児の自己の姿と重なることが理解できます。このところを踏まえて実際の子どもたちの姿を見ていきます。

(2) 陣取り遊びのエピソード

エピソード 58　陣取りゲーム①

　保育者の呼びかけで、陣とりゲームを始める。保育者に言われて二手に分かれる。それぞれの陣地から走りだし出会ったところでジャンケンをする。一方はかずま君（5歳2か月）でもう一方はひろお君（5歳3か月）である。ジャンケンをしてかずま君が負けて、急いで自分の陣地に戻る。勝ったひろお君を迎え撃つために、次のけいたろう君（5歳3か月）が走って行くが、ひろお君は負けて陣地に戻るかずま君の後を追いかける。保育者に連れ戻されて、けいたろう君とジャンケンをする。

　保育者の助けをかりてゲームが進んで、またひろお君とかずま君の対決になる。向かい合い、かずま君がジャンケンのポーズをするとひろお君が後に下がるので、かずま君がその分前に進む。かずま君が前に進むとひろお君がまた下がるのでなかなかジャンケンができない。保育者に「ジャンケンするんでしょ」と促されると、かずま君「だって、ひろお君がドンドン下がっていくから（ジャンケンができなくて、自分は前に進むんだ）」と言う。

　かずま君は、自分の陣地の近くで負けると大急ぎで戻り、相手を向かい討つ準備をするが、他のあまりルールのわかっていない子がモタモタしていると、その子に代わって前に立ち両手を広げて相手を近づけないようにする。

　れいちゃん（5歳0か月）は、ジャンケンに負けると自分の陣地に下がって自分の番がきたら走り出し、出会ったところでジャンケンをするというルールがわかっているが、そのルールのとおりに動くのがうれしいらしく、勝ち負けにあまりこだわっていない。

エピソード 59　陣取りゲーム②

　陣とりゲーム、線の途中でりょう君（5歳2か月）がジャンケンをして相手チームのぎんた君（5歳3か月）に負ける。味方に「おーい」と負けたことを伝えて早く来るように言うが、りょう君の次のゆうき君（4歳10か月）は、陣地のそばにきた小さい子と遊んでいて気がづかない。するとりょう君はあわてて、ぎんた君の前に両手を広げて、「おーい、おーい」と味方のゆうき君を呼び、ゆうき君が気づき走ってくると、りょう君がゆうき君と入れ代わり、ジャンケンをしてゲームを続ける。

エピソード 60　陣取りゲーム③

　りょう君（5歳2か月）は味方がジャンケンに負けて帰ってくるが、次の子が気づかないでいると、その子を促す。また、自分たちの陣地の近くでジャンケンしていると、りょう君は、自分の番ではないが、陣地の前に立ちはだかり両手を広げて陣地を守る。

保育者の提案で始まった「陣取り遊び」ですが、提案された6、7月ごろは、エピソード58のように、ゲームの理解がばらばらで、保育者がいないと遊びが持続しないし、参加している子どもの楽しみ方もそれぞれであることが理解できます。しかし、12月になると、エピソード59、60のように、ゲームの理解ができて、勝つために、自分の陣地を守ろうとしたり、気づかないでいる子を呼んだりというように、味方同士の協力が見られます。

　さらにこのゲームを遊ぶことの重要さは、負けたときに（優れていたい自己が傷つく）、一人ではなく、グループであるということです。何人かで負けるということです。味方同士（何人かで）でこの悔しさや傷を癒すことです。一人でというより、何人かでのほうが負けを受け止めやすくすると考えられます。

　そして、同じ4歳児といってもさまざまな感性の持ち主の集まりです。そこで癒し方のさまざまを経験します。また、勝つための方策もみんなで相談します。みんなでする経験（相談や対立がある）を通して、自己が強さを増していくと考えられます。

　先に見た、「おもしろい自分」という別の視点が、自己に幅をもたせるしなやかさの獲得であるとすれば、勝つたり，負けたりというみんなでする経験の周辺は、優れていたい自己の延長線上に位置しますが、負けを認める強さを獲得します。また勝つ喜びの経験は、今は負けても、次のそのゲームに向かわせる意欲につながると考えられます。

PART 3

5歳児の世界

4歳児は、閉じた自己の内側（気持ち）に向かうナイーブな世界に住んでいました。それは、欲求と事実（事柄や行為）のズレから、優れていたい自己が危機に瀕するからです。そこをなんとか脱却しようと、試行錯誤を重ねるうちに、強さとしなやかさを獲得していくようです。

自己の強さとしなやかさという視点を獲得した子どもたちは、5歳児クラスの生活をどのように展開し、何を獲得していくのでしょうか。

1　5歳児の自己像

5歳児クラスの子どもたちの姿から、この時期の自己の姿を整理すると以下のようになります。

1．大きくなることへの期待

(1)「最初から大人になりたかった」

エピソード61のゆかちゃんは、保育者に手伝ってもらって味わった「エレベーターみたいな」感触は、一人ではできない。自分にはできない素敵な感触を大人はできるそのことにあこがれる。そして、そんな素敵なことができる大人になりたい。そうすれば、子ども（である自分）ではできないあの感触を1人（自分）でできる。「大人はすごい」というように大きくなることを肯定し期待することになります。

「最初から大人になりたかった」という表現は、だんだん大きくなるということは、自分があるいは友だちが誕生日を迎えるのを経験して理解できているが、出会ったときから大人である保育者にも大きくなる過程があったことについては（経験していないこと）、思いが至ら

ず、まだまだ自己中心的な発想から抜けきれていないということです。

エピソード 61　最初から大人になりたかった

　畑を掘り起こす作業をすることになる。グループごとに掘り起こす場所が決められている。ゆかちゃん（6歳2か月）が順番を待っていると、保育者が「交代、今度はゆかちゃんに交代」と言う。ゆかちゃんは、保育者といっしょに、うれしそうにシャベルの上に足をかけると、シャベルがすーっと土に刺さっていく。
　するとゆかちゃんは「エレベーターみたい」と大喜びしながら掘る。ゆかちゃんの順番が終わると、保育者といっしょに掘ったエレベーターみたいな感触がよぼどうれしかったらしく、他の子の掘るのを見ながら「私、○○先生のように最初から大人になりたかった」と言う。それを聞いた保育者が「私だって最初から大人じゃなかったんだよ。子どものときだってあったんだよ」とつぶやきながら掘っている。

（2）歳が上であること

エピソード 62　　12月より下じゃん

　飛行機の制作中、ひろお君（6歳7か月）ときみや君（6歳7か月）のテーブルにけいたろう君（6歳6か月）が行って、3人で何やら興奮気味に話している。けいたろう君が「ね、ね、だいき（5歳11か月）は4月生まれじゃないよね」と言うと、ひろお君が「そうだよ、4月生まれはここ（と3人を指さしながら）の3人だよ」と答える。ひろお君のことばを受けて、けいたろう君が「だいきはバカだよ。12月生まれなのに」と続けると、ひろお君は「そうだよ、だいきといっしょに誕生日したら、おかしいよね」と言う。それを受けて、きみや君は「ゆうきは1月だよ」と言うと、けいたろう君「うそー。12月より下じゃん。1月生まれとは知らなかったな」と大人びて言う。けいたろう君は思い出したように「だいきさ、3月生まれじゃないの」とだいき君が4月生まれと言ったことが相当に不服らしい。

それから、けいたろう君は「1番がお前（と、きみや君を指さし）、2番（と、ひろお君を指さし）3番がおれ」と指さしながら正確に生まれた順を言う。

　エピソード62、63に見るように、大きくなること（優れている自己）に、誇りをもっている様子がわかります。このことは、将来（未来）を信頼することでもあり、生きていくことを肯定することであり、かなり重要な感情であると考えられます。

エピソード 63　私は11歳、6年生

　給食前の自由な時間、ゆかちゃん（5歳9か月）は絵を描いていたが、やがて、なるみちゃん（5歳7か月）と2人で折紙を折りはじめる。保育者に手伝ってもらって、名札を折る。そこに「パンダ組5歳・○○ゆか」、「パンダ組5歳・○○なるみ」と2人で書いて観察者のところに来て並んで得意そうに見せる。観察者が勘違いして「一（年生）……、あ、5歳……」と読むと、なるみちゃんは「あっ」と気がついて、自分の名札を押さえて隠し、元のテーブルに戻り、書きなおしに行くと、ゆかちゃんも後を追う。そして、2人でまた観察者の前に並ぶ。観察者が名札を見ながら、「なるちゃんが1年生で、ゆかちゃんがパンダ組（5歳クラス）」と読むと、ゆかちゃんは「あ、いいよ、そしたら2年生」と書き直しに行こうとすると、なるみちゃんも負けずに「それだったら中学生」と歳が上であることを張り合う。ゆかちゃんは11歳でなるみちゃんは10歳らしい。名札を作ることが他の子たちにも伝わり、かずま君も名札を作り、6歳と書いて見せにくる。それを見たゆかちゃんが「私は11歳、6年生」と得意そうに見せると、かずま君「え？　おまえ11歳なの？」と真剣な顔で聞き返すと、ゆかちゃんは小さい声で「本当は5歳」と言うと、かずまは大きな声で誇らしげに「おれ6歳」と言う。

　しかし、大きくなることへの感情が強ければ強いほど、年齢に対するこだわりも強くなるようです。4月生まれ（クラスで1番上）の子どもは優越感にひたり、そうでない子どもは、4月生まれにあこがれて、4月生まれと言ってしまったりしますが、仲間の厳しいチェックが入ります。しかし、6歳にはかならずなります。誰でもが味わえる誇りです。

2．自分に誇りをもつ

(1)「できないところを手伝って」

> **エピソード 64** できないところを手伝って
>
> 　給食前の時間、好きな遊びをしていいと保育者が言うと、ひろお君（6歳0か月）は観察者のところにとんできて「何色がいい？」と聞く。観察者が「ピンク」と答えると、「ドケッ」と言ってズッコケてから（自分の好きな男色ではないものを言ったということらしい）、赤紫の折り紙を持ってきて「これでいい（ピンクがなくてピンクに近い色を持ってきたらしい）？」と言いながら、観察者の隣に座る。そしてその折り紙を半分に切ろうとするが、なかなかきれいに思うようにいかないらしい。「切って」と観察者に言うので観察者が真ん中を折ってそれから反対にして折り線を付けていると、それを見ながら「反対にやるとできるの？」と聞く。「うん。反対にしっかりと折って切りやすくして……」と言って切って、それを渡すと受け取りさっそく折り始める。観察者が「いっしょにやろうか？」と声をかけると、ひろき君はきっぱりと「いい、できないときに手伝って」と言う。
>
> 　畑を掘り起こす作業をすることになる。ひろお君（6歳5か月）は黙々と掘り続けている。掘りながら「疲れる、ここ痛い」と腕を押さえながら観察者に言う。観察者「頑張ったからね」というと、張り切って「大工さんになる」という。観察者「大きくなったら？（大工さんになるの？）」と聞くと、ひろお君は「ちがう、（大きくなったら）玩具を売る人になるの」と言いながら、掘り出す。「疲れる、疲れる」とうれしそうに連発しながら、「これは仕事（だから疲れてもする）」と言いながら掘っている。

（2）それくらいできるはずだ

エピソード 65　　自分も打ったのに、すぐ泣くんだ

　朝の集まり、れいちゃん（5歳11か月）は保育室の入り口のところで、両手を顔に当てているが片方の手をずらして、りょう君（5歳8か月）のほうを見て泣いている。りょう君は自分の席で立って、れいちゃんのほうを見ている。その様子に周囲の子どもたちが一斉に「りょう君がれいちゃんを泣かせた」と口々に言う。りょう君は「れいちゃんがやった」と言う。れいちゃんは相変わらず片目で周囲を見ながら泣いている。観察者がりょう君のそばにいたので「りょう君が何もしないのにれいちゃんがぶったの？」と聞くと、少しの間無言だったが、りょう君が「れいちゃんは自分も打ったのに、すぐ泣くんだ」と悔しそうに大きな声で言う。そしてあごを引いて、れいちゃんを下からにらみつけるように見るが、みるみる涙が浮かんでくる。そこへ保育者が入室。周囲の子たちが2人のことを言うと、保育者は「ケンカした人は、2人でどうしてそうなったかゆっくりと話し合ってごらん」とれいちゃんのところにりょう君を連れていく。2人は顔がくっつくほどに近くに立ってああだこうだと言い合っている。周囲には子どもたちが群がっている。少ししてひろお君（6歳1か月）が「仲直りした」と大きな声で言う。子どもたちがそれぞれ自分のイスに戻り、2人もニコニコして戻ってくる。

5歳児は1．(p.132〜135)で見たように、大きくなることへの期待（生きることを肯定する）ことを土台にして、自分についての見通しやあるべき姿を抱いて、それをもとに、誇り高く行動している様子がわかります。

エピソード64のひろお君は、自分の力に対する信頼感にあふれています。そして、できないことを手伝ってもらうことも潔(いさぎよ)しとしています。何が何でも優れていたい、つまり「できるはずだ」いう思い込み（イメージ）の世界から一歩踏み出しています。また、自分の力に対する信頼は、疲れるけれど「仕事（今の畑を掘り起こす作業と自分が見たことのある大工さんの仕事が似ている）」、大工さんみたいだからするのだという、仕事をする喜びにあふれています。

エピソード65は、「これくらいはがまんできるはずだ。自分だったらがまんできる範囲」であるのに、がまんしないれいちゃんは許せないと、りょう君は怒っています。自分のあるべき姿は、他の子のあるべき姿でもあるようです。

3．誇りがもてない

前節で「大きくなること」や「できるようになること」に喜びと期待をもっている5歳児の輝かしい姿を見てきました。しかし、いつも輝いて「よい自己」でいることはできません。明るさは暗さがあっての明るさです。喜びは苦しみがあっての喜びです。これらは対をなしていて、人はどちらか一方だけでは生きられません。この両極の間で、気持ちをコントロールしながら生きることになります。発達するということは、この気持ちのコントロールの仕方を獲得していくことでもあるわけです。この気持ちのコントロールの仕方は、これらの感情が対をなしていることを考えれば、「頑張ること」や「思いやること」

など善くあることだけを期待するだけでは、育ちにくいといえます。ここでは、どちらかというとこれまでと反対の極に近い行動についてのエピソードを考えていきます。

(1) ひやかす

> **エピソード 66　かっこうつけちゃって**
>
> 　園庭での遊びの時間、きみや君（6歳8か月）とけいたろう君（6歳7か月）は鉄棒の上に座っている。
> 　その前でかずま君（6歳7か月）とれいちゃん（6歳2か月）がフープを前に転がすように出しながら戻す技を観察者に披露してくれる。それができたかずま君が「ね、ね、手品」と自慢する。観察者が「すごいね」と感心しながらその技を教わっていると、きみや君とけいたろう君の2人が「かっこうつけちゃって」「かっこうつけまくっちゃって」とはやし立てる。かずま君がむきになり2人に襲いかかろうとするが、観察者が「すごいよ。かっこういいじゃない」となだめると、気持ちがおさまらないかずま君は2人に向かって「できないくせに」と言い放ってから、技を続ける。2人は、余計に調子をつけて「かっこうつけちゃって」と言うので、観察者が2人に向かって「いいじゃないの。一生懸命に練習したんだから」と言うと、きみや君が「かっこうつけているから、かっこうつけちゃってって言ってるんだよ」とむきになって言う。

　5歳児の遊びの時間は、いつもさまざまなことが展開します。この日は、ここ数週間、子どもたちは、誰が始めたのかわかりませんが、フープを前に押し出すと少し転がってから戻ってくるという遊びに夢中です。最初は偶然にできたのか、なかなかできる子どもがいません。それだけにみんなは一生懸命に取り組みます。フープをあれこれ

代えてみたり、場所を代えてみたり、手の動きを工夫してみたりとさまざまに取り組んでいました。相当にむずかしいらしく途中であきらめて別の遊びを始める子もいます。そのなかで、かずま君とれいちゃんは黙々と練習しました。それで、ようやくコツをつかんだようで観察者に見せてくれていたところです。きみや君は、やってみたけれどうまくいかず途中でやめてしまっていました。きみや君にとって「自分もやってみたい、しかしできない」ことをかずま君が目の前で得意そうにやって見せていることに「優れていたい自己」がうずきます。自分のできないことを得意げに披露してみせているかずま君の姿をけなすことで、つまり、自慢することは悪いことなんだと相手を否定することでうずきを押さえます。このようにきみや君の気持ちを読み解いてくると、即座に「それは悪いことだ。努力しないほうが悪いではないか」というかかわりがむずかしくなります。そう言わざるを得ないきみや君の気持ちを受け止めることも必要になります。

　保育者は「できる・できない」だけの価値観、さらに優れていたい自己は他の人との比較だけではなく、自分の気持ちに照らしてどうなのかとか、それは「できない」けれど、自分にとっての「それができることの意味」など、さらに自己を深く広くしていく機会ととらえてかかわることが必要になります。そのようなかかわりのなかから、「相手をありのままに受け止める」力が育っていくのではないかと考えられます。相手をありのままに受け止めるということは自分自身をありのままに受け止めるということと表裏の関係にあります。

(2) けなし合う

　エピソード67は9月のものです。この日の朝の会は、テーブルをどのように並べるかという保育者の問いかけから始まりました。子どもたちは、小学校のことを意識してきていますので、当然小学校のよ

1 5歳児の自己像

エピソード 67　泣いていたくせに－チビ

　朝の会は、子どもたちの提案で、学校のように2人ずつ並んですることになる。みんなでテーブルを出す。後ろから2番目のテーブルに、ぎんた君（6歳2か月）とゆうき君（5歳9か月）が座っているところへだいき君（5歳11か月）が行き、ゆうき君に向かって手を上げようとすると、ゆうき君の隣りの列に座っていたかずま君（6歳6か月）が立ち上がり、片足を水平に出してだいき君の動きを阻止する。だいき君はその足をものともせず、ゆうきに襲いかかり髪の毛を引っ張る。その動きに気がついた保育者（担任が休みであるので代理の）が割って入り、けんかの訳を聞いている。だいき君が「小さい子は前に座るんだ」と言うと、ゆうき君はそれに反発して「泣いてたくせに（朝、床にうつぶせになって泣いていた）」とだいき君の痛いところをつく。

　そして保育者がなだめるのも聞かずに、だいき君はゆうた君に「チビ」と言い、ゆうき君は、だいき君に「泣いてたくせに」と言葉の応酬を繰り返す。

　保育者が「今はどこでも好きなところに座っていいこと」と、「口ででも相手にいやなことを言うと、口でうまく言えない人は手が出てしまうから、相手のいやだと思うことは言わないこと」を2人に話して仲直りさせる。

うに2人ずつ並んで座りたいと言います。それまでは、一つのテーブルに4、5人で座っていました。学校のように並ぶことで子どもたちの関心は誰と並ぶかということに集中します。だいき君はぎんた君やきみや君、けいたろう君たちとよく遊んでいます。よくいっしょにいる仲間です。ぎんた君の隣りに座ろうとしたら先にゆうき君が座ってしまっています。ぎんた君の隣りに座りたいというところを「小さい

子は前に座るんだ」と実際に背丈の低いゆうき君に言いました。「大きいことはいいことだ」という感情に彩られているこの時期の「優れていたい自己」が傷ついてしまいます。その傷を相殺するために、「(今朝、大げさに) 泣いていたくせに」と相手の「優れていたい自己」を傷つけます。そしてお互いにゆずらす傷つけ合うことになります。自分の傷を何とかしようとして相手を傷つければつけるほど、自分自身も傷つくという感情の連鎖のなかに取り込まれてしまいます。他の人（子ども同士、保育者など）からの、その場に対応する別の視点が必要になります。この場をきちんと整理することで、問題解決の仕方と、気持ちのおさめ方（コントロールの）を獲得していくのだと考えます。それは「がまんする」ことを獲得することでもあると考えられます。これらが獲得されるための前提は、たとえどんな理由からでも、傷ついている2人の子どもの気持ちを受け止めることが前提になります。たとえば、大人の世界なら「ゆうき君が先に座っていた（優先権）のだから、当然，後から行っただいき君が別の場所に座ればいい」ということになりますが、この時期の自己のありよう（「優れていたい」）から、このような対処だけでは不満だけが残るのではないかと考えます。

(3) 身体を傷つけ合う

話しことばの一応の完成は4歳半ころといわれています。自分の思ったことなど何でも話せるようになっているかというと、まだまだ不十分で、(2)でも見たように、それをめぐってのトラブルが絶えません。そのような場面でもお互いの気持ちを受け止め、トラブルの原因を聞いて「そのような場面ではどうしたらいいのか」をいっしょに考えていくことが重要になります。エピソード68のように、子どもたちのトラブルは、ときに数日間に渡ることもあります。

1　5歳児の自己像

エピソード 68　こいつ、ぼくがだいき君にあげたドンキーコングのキーホルダーほしいって言うんだよ

　先週とその前の週とままごとを展開した給食室の前の階段の下に入りこんで、ゆうき君（5歳9か月）がうずくまって泣いている。その前にだいき君（5歳11か月）が仁王立ちになって見下ろしている。その横でけいたろう君（6歳6か月）がスコップで泣いているゆうき君を突っついている。観察者が寄っていき「どうしたの？」と声をかけると、だいき君が興奮気味に「昨日（昨日は日曜日なので前にという意味らしい）、ゆうきがぼくの髪の毛、引っ張ったから」と言う。観察者が「痛かったでしょう。ほら、ゆうき君も痛いって泣いてるよ」と言うと、「うん、わかった」とそそくさと答えて、面倒な場面から早く離れようというように去ろうとする。しかし、けいたろう君はスコップでゆうき君を突っついているので、だいき君の体を抱き留めて「けいたろう君、泣いているのにスコップで突っついたりしてひどいと思う」と非難すると、けいたろう君は「だって、こいつ、ぼくがだいき君にあげたドンキーコングのキーホルダーほしいって言うんだよ」と突っつくのをやめて言う。どうやら3人はドンキーコングのキーホルダーをめぐって何日かにわたってもめているらしい。けいたろう君の話を要約すると、けいたろう君がだいき君にあげたキーホルダーを、ゆうき君が、無理矢理（けいたろう君の表現）けいたろう君に返したらしい。そこまで話を聞いたところで、保育者が寄ってきて「今日は、この2人は少しおかしい（よくもめる）」と観察者に言ってから、3人に「少しくらい触ったからってムキになって襲いかかったらケンカになるから、おふざけは好きな友だちにするんだからね……」と言うと、ゆうき君も泣きやみ、だいき君とともに「うん」とうなずく。

ゆうき君は「自分もほしいドンキーコングのキーホルダー」を持ち主のけいたろう君が持っているのならがまんができるけれど、その所有者ではないだいき君が持っていることにがまんできない。もしかしたら、それは自分がもらえたかもしれない。ほしいと言ってみたが、けいたろう君にしてみれば「だいき君（いつもいっしょに遊んでいるグループの子だから、ゆうき君とより心情的な距離が近い）に、あげたのにほしいって言うんだよ（あげたくないのに）」とゆうき君の申し出に不服である。しかし、ゆうき君は、もらえなかった自分（優れていたい自己が傷つく）を受け入れるわけにはいかない。そこで、だいき君からキーホルダーを取り上げて元の所有者のけいたろう君に返すということをします。これにはけいたろう君もだいき君も納得がいきません。しかし、それをことばで説明することができないこともあり、その気持ちがおさまらずに実力行使に出ます。ゆうき君とだいき君は髪の毛を引っ張り合うことになります。観察者が2人の間に割って入ったように、子ども同士では、お互いにうまく気持ちを伝え合うことができませんが、大人が入り込んでていねいに聞いていくと事情が飲み込めてきます。「なかよく遊びなさい」というだけではない対応が迫られます。

（4）こんなはずじゃない－くやしい

　エピソード69のゆうた君はれいちゃんと勝負をして勝つはずでした。しかし、頑張っても頑張っても落ちてしまった（負けてしまった）。後どうすれば勝てるのか（優れた自己でいられるのか）。その場には居られません。ましてや2回戦などとんでもないことです。このような経験を何度も重ねて、それでもまわりの人（保育者、友だち）が慰めてくれたり、優れていない自己であっても、いつものような生活であり、いつものような関係が続くことで、勝ち負けを「自己」と切り離

してゲームとして取り組むことができるようになっていくと考えられます。これは勝った場合も同じことが言えます。

間接的には、保育者や保護者を含めた子どもを取り巻く環境が何を大切に「生きる」かということが問われることにもなります。

エピソード 69　　やだ、やんない

園庭、数人の子と保育者で、タイコ橋をつかって、両端からぶらさがって真ん中まで進み、出会ったところで足で相手を攻撃して先に落ちたほうが負けというゲームをすることになる。トップバッターは、れいちゃん（6歳3か月）とゆうた君（5歳11か月）である。2人ともいい勝負で、最初はニコニコしながらやっていたが、待っている子たちがそれぞれひいきの子を応援し始めると、2人とも真剣な顔になる。ゆうた君が形勢が不利になり、泣きそうな顔になる。すると保育者が「泣いたら負けよ」と励ます。ゆうた君は泣くのをたえて必死の形相になりながら頑張るが、とうとう力がつきて下に落ちてしまう。すると、ゆうた君は悔しそうに「やだ、やんない」と泣きながら、その場を離れて少し離れたところに腰かけて涙をふきながら見ている。

それから2組めのなるみちゃん（6歳1か月）とえみりちゃん（5歳9か月）がニコニコしながらも足は激しい攻防を繰り広げると、ゆうた君は「なるちゃん、頑張れ」となるみちゃんを応援する。その様子を見ていたゆかちゃん（6歳2か月）がゆうた君のところにかけ寄り、「2回戦やるよ」と誘うが、「いやだ」と両手を組んで横を向いて行こうとしない。

4.「見られる自分」を見る（客観的に見る）

> **エピソード 70　なるちゃんね迷子になったの**
>
> 　保育室での活動が一段落して、保育者が外で遊ぶことを告げると、なるみちゃん（5歳7か月）は観察者のところに来て「今日ね、なるちゃん遊びたくないの」と言う。「どうして？」と聞くと「だってね、いっぱい山に登ったの」と言うので、観察者「山登りしたんだ、昨日」と言う。するとなるみ「うん、それでね、なるちゃんね、迷子になったの。そして放送されたの。なるちゃんね、初めて迷子になったの」と教えてくれる。

　先にもみたように、大きくなることへの期待やあるべき姿が、打砕かれる「こんなはずじゃなかった」ということも経験します。

　エピソード70のなるみちゃんは、迷子になったことにかなりのショックを受けていて、「今日は遊びたくない」というが、遊ぶ前に、誰かに昨日の体験を話し、話すことで受け止めてもらい、自分の気持ちを整理し、「いつもの自分」を取り戻してからでないと遊び出せないのではないかと考えられます。よくありたい・優れていたい自己からすると、認めがたい現実であるが、その欲求から離れて、その現実を受け入れている姿が読み取れます。このことが、次のエピソード71の、ゆうき君の姿からよりはっきりと読み取ることができます。

　朝、何かの事情で母親とトラブルを起こして泣きながら登園してきます。しかし、泣きながらみんなのなかには入れない（ライオン組－5歳児クラス－の子は泣かないというあるべき姿）。そこで、机の下に入り込んで泣いているところを見られないようにしますが、りょう君に見つかってしまいます。

エピソード 71① 　ゆうき君、泣いてる

　ゆうき君（5歳3か月）が、登園してすぐ、部屋の隅にある机の下に入り込んで顔を両手で隠してうずくまっている。それを見たりょう君（5歳7か月）が「○○さん、ゆうき君が泣いてる」と観察者に知らせにくる。ゆうき君のまわりに、ひろお君（6歳0か月）、だいき君（6歳0か月）ほか数人の子たちが集まって、わいわい言いながら覗き込んでいる。観察者「そのまま、そーっとしておいてあげなさい」と言うと、りょう君は「何もしていない。見てるだけ」と言う。

　少ししてゆうき君がニコニコ笑う。するとりょう君が「あ、笑ってる」という。観察者が「あ、なーんだ。笑ってたんだ」というと、ゆうき君はニコニコしたまま机の下から出てくる。そしてりょう君を追いかけて、2人で走り回る。追いかけられながらりょう君は観察者のところにきて「ゆうき、強くなったよ」と言うと、ゆうき君も「だって、おれ、修業したんだ」と強くなったわけを言う。

エピソード 71② 　うん、うそ泣きだよ

　給食時、観察者がゆうき君（5歳3か月）の隣りに座り、「今日の朝、ゆうき君のお母さん見ちゃった」と言うと、ゆうき君は「そうだよ、知ってるよ」と答える。観察者が「かわいい男の子と手をつないでた」と言うと、ゆうき君は「泣いてたでしょ」と言う。観察者は泣いていることに気がつかなかったので「泣いてたの？」と聞き返すと、ゆうき君「うん、うそ泣きだよ。そして（保育園にきて）机の下に入ってたら、りょう君が泣くなよって肩、触ったんだよ」と言う。それを聞いていたりょう君（5歳7か月）が「そうだよ。そしたら出てきたんだよねー」と朝の出来事を話題にしている。

観察者の「そーっとしておいて」ということばで、ゆうき君は時間と心のゆとりを取り戻し、この間に気持ちを整理することができて、「泣いていないよ」ということを笑うことで示します。りょう君はゆうき君が泣いていることを知っていて、そして自分で気持ちを整理して、ニコニコしながら出てきたことを、「ゆうきは強くなった」と表現しています。

この71①の朝のエピソードと、時間的にはこの前に出会ったゆうき君親子の間の出来事（エピソード71②）を知らなかった観察者が、朝、会ったことを給食時に話題にすると「泣いていたでしょ。でもうそ泣きだよ」ということで、優れていたい自己の面目を保ちます。

ゆうき君のこの姿は、見られる自分、つまり、他の目を通して「よくありたい自分」を意識しています。そして、「よくありたい（よく見られたい）自己」を支えに、行動を秩序立てていると考えられます。

5．5歳児の「自己」－希望・期待の論理

これまでに明らかにしてきた「自己の姿」について概略しますと、3歳児クラスでは、「行為する総体」としての自己が獲得され、その自己像は「自分は特別な（優れている）存在」であり、それが事実であるかどうかではなく、そうありたいという欲求に彩られたものでした（欲求の論理）。

その自己が4歳児クラスになると、事実に従ってものをとらえよう（事実の論理）としはじめ、「優れた自己」でありたいという欲求が、この事実の論理により、しばしば窮地に立たされ、そこを切り抜ける「おもしろい（自分を笑う）」という視点を獲得して、自己の広がりを見せました。

そして、5歳児クラスの自己については、現実を受け入れつつ、未

来(大きくなること)への複雑な気持ちの世界を生きていることを見てきました。

ここでは、4歳児クラスでの自己の延長戦上に考えられる「閉じられた内側(気持ち)」に焦点を当て、さらに自己のありようを見ていきます。

(1) 自己-自他の気持ちに向かう

①おもに自己をめぐる出来事から

4歳児からの延長で、5歳児の自己のありようについては表2(p.151)にまとめました。これまで見てきたように、この表の自己の内側に向かうところの《具体的経験群》から、「よくありたい自己」への欲求を土台に未来(大きくなること)への期待に満ちていることが理解できます。さらに、これらのよくありたい自己の行為の一つひとつをまとまりをもってとらえ始め「絵を描くのは下手」とか、「鉄棒は上手」というように特徴的に、自他をとらえ始めるなど、具体的な行為の一つひとつのなかに生きることに加えて、「抽象された」世界を持ち始めます。

この自己を抽象してとらえる力の獲得は「困っている人は助けてあげる」とか「ふつう、女の子は……するものよ」というように行動を秩序立てることにも反映されます。同じく「他」のとらえ方も自己のそれと同様に、「やさしい」とか「強い」「泣き虫」というように特徴的(抽象的)にとらえられています。

これらの抽象する力は、具体的なその場の経験を離れて、自他の現在地、住所や電話番号、自分の、家族の、クラスの子どもたちの誕生日などを、時空(地図やカレンダーのなか)に自他が客観的に位置づけられていることに気づかせます。もちろん、まだまだ、自己中心的で

すから、さきにあげたエピソード61の、ゆかちゃんの「〇〇先生のように、最初から大人だったらよかった」という表現からもわかるように、実感できる自己は、時間の流れのなかで（小さかったときとか、大きくなったらというように）とらえられるが、実感できない他者、それも自分の経験が重ねにくい大人については、それがかなり曖昧のようです。

さらに、この抽象する力は、ことばにも反映されて、たとえば「絶交ってね、もうなかよくしないってこと」とか「故郷って、自分が生まれたところ」というように、具体的な経験を離れて抽象されたことばを使い始めます。

②他の子との関係から

他の子との関係から見えてくる自己の姿の特徴的なことは、「……だから……しない」というように、他者とのちがいと、その理由を明確にして、「いっしょにいない」ことをしはじめます。他の子とのやりとりのなかで、自己の気持ちがはっきりしてくるようです。

概していうと、自己が獲得された3歳児や4歳児においては、他と異なることへの違和感（仲間はずれ）を恐れて、同化（仲間になりたい）することに積極的でした。表2の5歳児の自己の姿のなかの「他との関係から見えてくる自己の姿《他と決別－自己の輪郭が明瞭》から、自己を否定されたり、自分の意に反したりしたときに、積極的に決別、つまり「そうまでしていっしょにはいたくない」ということを主張します。4歳児ではなんとか相手を受け入れていっしょにいようとする傾向が強くありました。それができないときは仲間はずれになるしかないというように、主軸は「みんな」のほうにありました。このように、5歳児は個としての自己も姿を見せ始めますが、4　子ども同士の関係（p.195〜）で見ていきますが、基本的には4歳児のとき

と同様に「いっしょに遊びたい」という気持ちに支えられていますので、友だち同士は、離れてはくっつきを繰り返すようです。

表2　5歳児の自己の姿

自己の表現から見えてくる自己の姿	他との関係から見えてくる自己の姿
《具体的経験群》 ・前歯が抜けたことが誇らしい ・6歳は5歳よりすごい（4月生まれに誇りを持つ） ・大人っぽい映画をみた（でも英語じゃなかったけど）と得意そうに言う ・「勉強しているの」と誇らしそうに言う ・「学校みたいにテーブルを並べる」ことを要求する ・「おれなんか超たいへん、忙しい」とうれしそうに言う（遊ぶ暇がない） ・「ピアノの練習しているんだよ」と得意	《他と決別－自己の輪郭が明瞭》 ・自分なりに取り組んだことをからかわれて「…とはつきあってられない」 ・3人で遊んでいてもめる。2人が内緒話を始めると「あんな態度でなかよくできる？」 ・3人でもめて「あんたたちとは遊ばない、ほっといて」 ・「さっきの仕返ししましょうか」－「しなくていいです」
《経験群が抽象されて、 　　特徴的に自己をとらえ始める》 ・「おれは下手だから」「上手じゃないんだよ」 ・「絵は描けない」 ・「鉄棒は得意なの」 ・「おれはブタじゃない、人間だ」「本当は人間なの、だけど猿みたいに（アスレチックの綱渡りが）上手なの」	《他のとらえ方が抽象され始める》 ・「…君は泣き虫」 ・「…君は強い」「…君は強くなった」 ・「…ちゃんはまちがいが多い」「いつもまちがう」 ・「…君はやさしい」
《行動・思いが抽象される》 ・困っている人は助けてあげる ・人（小さい子）にはやさしくしてあげる ・「ふつう女の子は…するのよ」 ・学校の先生は何でも知っている ・ビールは大人になってから、20歳すぎてから	

（2）自己－現実とイメージの間

エピソード 72　私は宇宙人です

　遊びが一段落して、給食の準備をするよう保育者が声をかけると、それぞれゴミを拾ったり、見た絵本を片づけたりしている。ゆかちゃん（5歳10か月）はまだ遊びの続きをしている様子で「私は、宇宙人です」と言っている。観察者が「あ、そうか、それでわかった。宇宙から来たばっかりで、ことばがわからないんだ。それでお片づけしないんですね」と言いながら、「あのね、お片づけっていうのは、こうやってゴミを拾ったり、お部屋をきれいにすることを言うんですよ」と言うと、ゆかちゃんもいっしょに拾いだすので、観察者「よくわかりますね」と言う。ゆかちゃんは「〇〇さん（観察者の名前）の意地悪」と言うので、観察者は遊んでいるつもりだったので「え？　だって宇宙人って言ったのはゆかちゃんですよ」と聞き返すと、ゆかちゃんは「私は正真正銘の人間です」と大きな声で必死で言う。

エピソード 73　え？　お母さんは男なの？

　ままごとのお母さん役のゆうた君（6歳0か月）が忙しそうに観察者のそばを通るので、「お母さん、お名前は？」と聞くと、「〇〇ゆうたです」と答えるので観察者が「え？　お母さんは男なの？」と言うとゆうた君は語気を強めて「いいの、ボクは〇〇ゆうた」と言うと、そばで砂をこねて、ごごちそうを作っていたお姉さん役のゆかちゃん（6歳3か月）が「〇〇ゆう子は？」と言うと、ゆうた君は「〇〇まさみ」と自分の母親の名前を言う。

1　5歳児の自己像

> **エピソード 74　サンタさんからはプレゼントはもらえないよ**
>
> 　ホールで発表会のリハーサル。4歳児クラスの「太りすぎのサンタ」のオペレッタ。（…中略…）場面はドンドン変わって、最初は太っていたサンタさんが細くなって、めでたく家の煙突を通ることができた場面で、観察者が「あーよかった。サンタさんが煙突を通ることができたから、プレゼントがもらえるね」と喜ぶと、観察者の横に座っていたりょう君（6歳2か月）が「もらえないよ。サンタさんからは（いないんだから）」と言う。観察者が「だって、サンタさんは煙突を通れたじゃない？」と食い下がると、りょう君「ちがうよ、本当は、お父さんとお母さんがね、買ってきてね、寝てるときに枕元に置くんだよ」と教えてくれる。

　エピソード72のゆかちゃんは、片づけの時間が始まっても「私は宇宙人です」というイメージの世界にいます。観察者は、ゆかちゃんのイメージの世界を尊重して、ゆかちゃんの遊びのなかに入り込んで「宇宙人だから、（日本の）ことばがわからないんだね」ということばかけをします。このとき、ゆかちゃんは、イメージの世界に遊ぶゆとりを失ってしまいます。それは、「よくありたい自己」から、この事態を見ると、片づけが「できない」「やらない」ということは、認めがたく、「できる」自己を主張するがごとく、イメージの世界から現実の世界に戻ってきます。

　エピソード73のゆうた君も同じです。イメージの世界でお母さん役をしているときに、名前を聞かれ、自分の名前を言ってしまいます。それに「お母さんは男なの？」と言われ、「自分は男であること」を主張し、それでもままごとに戻っていくためには、母＝女＝女の名前でなければならず、ゆかちゃんの助けもあり、自分の母の名前を言

うことになります。

　エピソード74のりょう君も同じです。劇のなかに浸って、そのストーリーを楽しんでいますが、もうすぐクリスマスが近い。そしてサンタさん（父母）からプレゼントをもらうところで現実にかえり、サンタさんはいないのだと言います。

　これらのエピソードを整理すると図10のようになります。これまで述べてきたように、「自己の輪郭」がはっきりとしてきたことが、それまで半ば無意識のうちに、行ったり来たりしていた現実とイメージの間を意識し、事実（現実）の論理が優位に働き、現実に引き戻されるということになるようです。さらにこれらの経験を重ねていくと「うそっこだよ」とイメージの世界を現実から引き離して理解でき、よくありたいという行動の枠で行動することを望んでいる現実の世界では、認めがたい悪者の役（楽しく遊ぶために）を引き受けるなど、意識的に現実とイメージの世界を行ったり来たりし始めるようです。

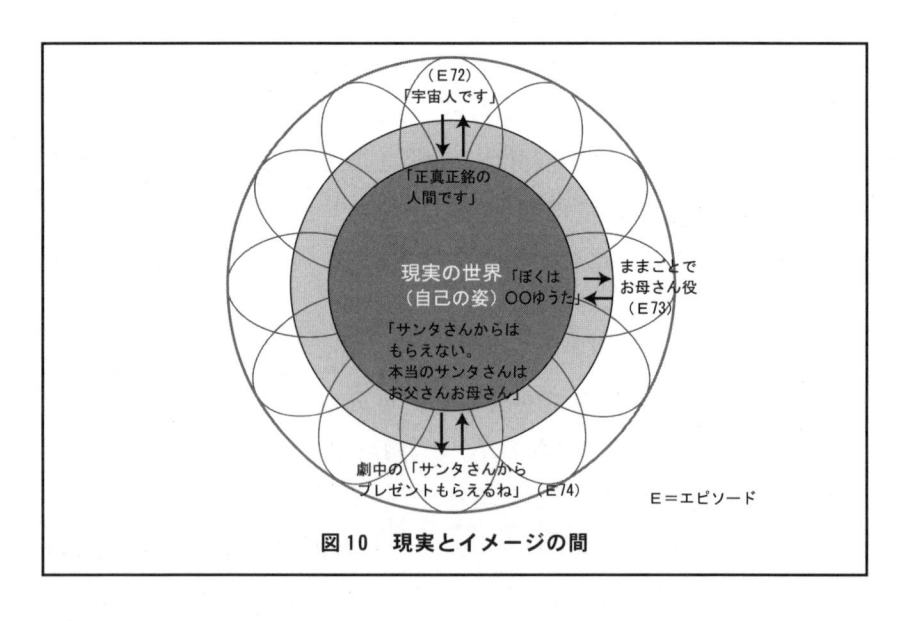

図10　現実とイメージの間

2　表現する身体

　内外未分化の状態で生まれてくる人という種は、その最初において自分の身体も意識していません。身体の獲得は1歳半から2歳ころだと言われています。身体を獲得した子どもは、その身体を試すかのように「自分でする（行為する）」ことに向かいます。このような経験を通して、3歳過ぎころに、自己の獲得、欲求する私、その私の生きる場所としての身体を獲得することになります。さらに、4歳では、欲求（気持ち）と身体のズレを意識できるなど、いわば道具としての身体を獲得します。この身体は、5歳児ではどのような身体になるのでしょうか。

1．できない

エピソード 75　先生、わかんない

　七夕の製作の時間、他の子たちは相当に進んでいるが、りょう君（5歳9か月）は、最初の製作物をつるす糸を輪にして結ぶことができない。「先生、わかんない」と言いながら結ぼうとするができない。糸を振ったり、目に糸を当てたりして当惑している（他の子たちはドンドン進んでいくのに自分はできていないので）。そしてとうとう、大きな声で「できない」と保育者に向かって言う。保育者にその声が届くが、保育者は他の子の製作を手伝っているので離れられない。大きな声で、糸の結び方を説明するが、りょう君には理解できない。そばの別のテーブルにいた観察者がそばに寄っていって、結び方を教えると、2、3回やってみて結ぶことができ、ホッとした様子で「できた」と言い、うれしそうに笑う。

「できない」とか「わからない」と言ってやらないことは、4歳児においては特徴的に観察されました。エピソード75のりょう君は、よくありたいので、できないこと（認めがたい）を恐れて、わからないと言っているのではなく、「やり方がわからない」ので、わからないと言っています。ここに4歳のときとは異なる育ちを見ることができます。つまり、みんなの作業行程からは遅れているが、やらないのではなく、自分でする・やりとげたい気持ちが土台になってのわからない自己を表現していると考えられます。ときに「やって」ということもありますが、この場のりょう君は「みんな自分でしている」ということが、支えになっているようです。

2．鍵盤ハーモニカを弾く

エピソード 76　ソファミレド

鍵盤ハーモニカの練習、一人ずつそれぞれに練習して保育者に見てもらい、みんなそろって「ソファミレド」を弾いてみることになる。子どもたちはそれぞれ保育者のピアノと合図に合わせて弾き始める。ひろお君（6歳6か月）は、右手の小指から順に下りてきて、最後のドが右手では間に合わないらしく、左手であわててドを押して、保育者のテンポに合わせる。

2 表現する身体

　最初に、鍵盤ハーモニカを弾けるための力を考えてみます。まず、鍵盤の「ドレミファソ」の位置の理解（または、字が読める）、その音符（記号）に一定の音が対応していることと指が対応していること（ドは親指、レは人さし指というように）、曲の音符の並び（ミソミソドというように、かならずしも順番に弾くとは限らない）、音の長さ（ミは同じ長さではなく、いろいろの長さをもつ）、吹きながら、ただ指を動かすのではなく、記号にしたがって（エピソードでは保育者のうたうソファミレド）指を動かすという動作の協応が要求されます。ざっとあげただけでも相当の力が一時に要求される、極めて抽象度の高い行為です。

　5歳児の、自己の姿のところでも述べましたが、この年齢の「物ごとを抽象する」力が育ってきているとしても、この場合の抽象する力は、具体的な日常の一つひとつの経験にまとまりをもたせていくという「具体から抽象へ」の段階が緩やかでした。しかし、この記号に合わせて鍵盤ハーモニカを弾くということは、日常の生活から類推して考えることとは、まったく別の力であり、というより日常から切り離されたことであるので、何を要求されているか理解できない子どもは戸惑い、困惑するということになります。

　エピソード76のひろお君の姿をみると、ソファミレドと順に弾くものでも、最初の位置が曖昧だとうまく弾けません。指のなかでは人さし指が活躍し、薬指や小指はもちろんのこと、親指が案外うまく動かせないようです。字の読める子どもは、鍵盤に張ってある字を見て無意識のうちに人さし指で弾き出しますので、最初の音（ソ）と指（小指）の対応はすっかり忘れてしまうようです。多少、音と指の対応に注意が向けられる子どもも人さし指と中指で弾いています。ひろお君たちは、相当の期間、練習してだいたいはエピソード77のみなみちゃんの姿に代表されるようです。抽象を表現する身体は、相当にむずかしいようです。

> **エピソード 77　　先生、見ててよ**
>
> 　発表会のリハーサル。ライオン組の鍵盤ハーモニカの番になる。みんなゾロゾロと立って舞台に出ていく。みなみちゃん（6歳4か月）が観察者のそばを通るときに「〇〇先生、誰が上手か最後まで見ててよ」と言って出ていく。みなみちゃんを見ていると、指使いや鍵盤の位置が合っているが、スピードについていけなくて、遅れ気味に弾いている。

3．記憶
―「思いのままに動かない身体」―「思いのままに動く身体」

(1) 思うように動かない身体

　エピソード78は、プラネタリュウムの経験を絵に書いてみようというものです。りょう君は、あまり記憶に残るようなものがなかったのかもしれません。とりあえず隣りのかずま君の絵をまねて描いて見るが、自分のイメージとは異なったものになってしまい、絵を終わりにすることができません。子どもたちは、本物そっくりが1番よい（優れている）と考えている節があります。りょう君は、イメージにあること（現実・事実）を忠実に画用紙に再現したかったのだと思いますが、それがうまくいかず、よくありたい自己が傷ついてしまったようです。このとき「自分の思うように描けばいい」という大人の善意の対応だけでは事足りないかもしれません。絵の指導としては議論の分かれるところですが、この時期の、子どもの自己のありようを考えたとき、ゆうき君への対応も一つの方法かと考えられます。

2 表現する身体

エピソード 78　思うように描けない

　3、4日前に見にいってきたプラネタリュウムの絵を描くことになる。保育者は、黒い大きな画用紙を1人に1枚ずつ配る。りょう君（5歳10か月）とかずま君（6歳1か月）は並んで座っている。りょう君はほとんどかずま君の絵をまねて描いたらしいが、それが気に入らないらしい。かずま君は画用紙をいっぱい描いて「終わった」と言ってやめる。かずま君はいっしょに描いていたのでりょう君も終わったと思っているらしいが、りょう君は座ったまま、頭をたれて動かない。保育者が「いいのよ、りょう君はりょう君がいいと思ったように描けば」と言う。りょう君は下をむいたままうなずくが、大粒の涙が画用紙にこぼれ落ちる。りょう君はその涙を、力を込めてふいている。その様子をかずま君が見ていて、自分が保育者から借りた星座の絵本をりょう君に持って行ってあげる。

　他の子たちはあれこれ戸惑ったりしてなかなか描き出せないでいるが、ゆうき君（5歳4か月）は画用紙が配られると、すぐ白いクレヨンを取り画用紙に点々を打っている。その様子を見て保育者が「そうだったね」と声をかけていくとうれしそうにする。しかし、点々以外に浮かばないらしく「描けない」と言う。そしてそばの観察者に「失敗したから裏に描く」と言う。裏返しにしてもやっぱり点々と打っている。そこへ保育者が「ほら、サソリ座だよ」と絵を見せてあげると、それを見て描く。隅のほうに小さく描いて、保育者に見せに行く。保育者「上手だね、上手なんだから大きく描けばよかったね」と言うと、大きくうなずいて終わりにする。

(2) 思うように動く身体

エピソード 79　こういうふうになっていたよね

（エピソード78と同じ場面）

　なるみちゃん（5歳9か月）とみなみちゃん（5歳10か月）が並んで座っている。みなみちゃんはその画用紙に黄色のクレヨンで点々と打ちながら、「ね、こういうふうに、なってたよね」となるみちゃんに同意を求める。なるみちゃんは「でもさ、ここに（と画用紙の下の部分を指さし）なんかあってさ、上になんかあったじゃん。それ、どこにあるの？」と、自分のイメージと違うところを言う。それを受けてみなみちゃんが「おおくま座とか？」と言うと、なるみちゃんは「はくちょう座とか」と次々に思い出すが、なるみちゃんはまだ何も描いていない。みなみちゃんは話しながら、どんどん絵を描いている。みなみちゃんは会話をしながら、点々だけではなく、形も思い出したのか、くまの形やサソリの形を描いている。そして、なるみちゃんの言うはくちょう座を描こうとするが「とりの絵が描けない」といいながら点々を打っている。それから「先生、はくちょう座、描いて」と言うが保育者は「自分でね」と言い、絵本のはくちょう座を見せると、みなみはそれを見ながら描く。

なるみちゃんとみなみちゃんは、よほど興味をもって見学したのだと思いますが、プラネタリュウムの経験が鮮明のようです。みなみちゃんは星を黄色いクレヨンで表しながら、なるみちゃんに同意を求めています。みなみちゃんは、自分が表現しているものと見たもののちがいを多少意識しているので、誰かにそれでいいと言ってもらいたいのだと思います。2人で会話しているうちにどんどん思い出し、画用紙に表現していきます。そして、できない部分は「先生、はくちょう、描いて」と言います。相当の部分、満足して表現できたので、ここまでくれば、イメージを自分の力で表現するという欲求から、絵を完成させることのほうに気持ちが向かうのだと思います。それで、描いてもらうことに抵抗がないのだと思います。

プラネタリュウム見学が楽しく興味深い経験である場合、その楽しさを表現したい欲求のほうにウエイトがかかり、どう描くかという表現の仕方は気にならないのでしょうか。逆に、あまり印象に残らない経験を表現するように言われたとき、表現したい欲求というより、どのように描くかという表現方法にこだわるのでしょうか。このことにこだわり過ぎて「描くこと」が苦痛になってしまうとしたら、表現する手段が制限されるということになっていきかねません。子どもの気持ちを見極めた対応が要求されます。

4. よりよく表現しようとする身体

5歳児クラスの発表会への取り組みは、保育者も子どもたちも意欲的になるようです。このクラスの、4歳児クラスのときのオペレッタは「オオカミと7匹のこやぎ」でした。もうすぐ発表会というときの練習風景です。

エピソード 80　ゆうた君はもういい

　ホールで「オオカミと7匹のこやぎ」の練習、ゆうた君（5歳0か月）は何度も注意されているがふざけている。保育者に「もういい。ゆうた君はやらなくていい」と劇から外される。ゆうた君は泣きながらも大きな声で「いやだ」と答えるが、保育者はそれを無視して他の子のせりふに入る。するとゆうた君は大きな声で「先生のイジワル」と言うが、保育者は、他の子のせりふを手伝っている。ゆうた君は涙をふいてもとのいた場所に戻っていく。そして、劇の練習が終わるまでそこにいる。

エピソード 81　あのね、劇みたいに言うんだよ

　ホールでの、劇の練習が終わって、観察者が手を洗っているところに、みなみちゃん（5歳4か月）がうれしそうに来て、しかし困惑したというような顔で観察者に「先生、あのね、えみりちゃん（4歳11か月）とね、ゆかちゃん（5歳4か月）がね、みなみちゃん出てらっしゃいって劇みたいに言うんだよ」と言う。観察者が「えみりちゃんはやぎのお母さんだからね」と答えるとうれしそうに並んで手を洗う。その後でえみりちゃんとゆかちゃんがみなみちゃんの反応を見てうれしそうに笑う。

　このエピソード80に代表されるように、みんなで何かをするというより、そのときどきの、子どもたちの興味のほうに気持ちが引かれるらしく、なかなかむずかしい練習風景が展開されていました。4歳児クラスぐらいですと、自分たちの日常から離れたこと（今の興味ではないかもしれない劇の練習）に、自分の欲求をコントロールして注意や意識を持続させるのはむずかしいのかもしれません。エピソード

81のえみりちゃんのように、劇に興味をもった子どもは、その役柄に一体化して楽しんでいます。

発表会が終わって、発表会のときの経験を意識的に展開してみようとして働きかけたものが、エピソード82です。今遊びたい遊び（3人でままごと）を中断するように観察者が働きかけています。3人はすぐ「オオカミと7匹のこやぎ」の世界に入り込みますが、そこから遊びを展開させるというより、自分たちの遊びへの興味が勝っているようです。

エピソード 82　遊べないじゃない

　ゆかちゃん（5歳4か月）、なるみちゃん（5歳2か月）、えみりちゃん（4歳11か月）が道具を入れる倉庫の中に入り込み、さらに狭い隙間に入り込んでままごとをして遊んでいる。観察者が覗き込むと、ゆかちゃんが「だめ」と押す。観察者が「トントンお母さんよ。開けて」（先週の土曜日に発表会があり、きりん組は「オオカミと7匹の子やぎ」の劇をしている）と言うと、3人で「お母さんなら手を見せて」と言う。観察者が手を出してみせると、えみりちゃんとなるみちゃんが声をそろえて「あ、黒い。お母さんじゃない。きっとオオカミよ」と言い、そして劇のその場面でうたった歌を3人で声をそろえてうたい出す。そうしているところへ、何時の間にか、大勢の子どもたちが集まって来て、それぞれ遊びだす。ゆかちゃんたちはままごとができない。その様子を少し離れたところから見ていた観察者のところにゆかちゃんが来て「〇〇さんのせいよ、ままごとができないじゃない」とみんなが来たので自分たちの遊びができないことを抗議する。そのやりとりをしている間に、子どもたちがいなくなる。その様子をさして「いないよ」と言うと、戻って遊びの続きを3人でする。

それが5歳児クラスの練習風景は、以下のエピソード群に見るようにまるでちがいます。5歳児のオペレッタは「ほがらか村のくぬぎの木」です。あらすじは、大きなくぬぎの木のある森に、動物たちが平和に暮しています。そこへ人間がやってきて、開発を始めます。動物たちは大騒ぎ。人間は開発を進めますが、ときどき、大きなくぬぎの木の下で休憩します。すると、木が揺れて涼しい風を送ってくれます。そこで、人間たちは、涼しい風の気持ちよさに気づき、開発を中止してめでたしというものです。

もうすぐ発表会です。ホールで練習中です。

エピソード 83　少し、早かったんじゃない？

　ホールに行って、もう少しで開催される発表会のオペレッタの練習をする。りょう君（6歳2か月）はハチの役で、4人でハチの踊りをしている。ハチの出番が終わって、かぶと虫と交代するとき、曲に合わせて4人で、舞台の後ろに、後向きで下がる。下がり終わってから、りょう君は、自分の横で踊っていたれいちゃんの動きを見ていたらしく「少し、下がるの早かったんじゃない？」と、下がるときにそろっていなかったんじゃないかと言う。すると、言われたれいちゃん（6歳5か月）と、同じくハチ役のぎんた君（6歳2か月）が素直に「うん」と言う。

2 表現する身体

エピソード 84　手を上げるとこ、ピッとしたほうがいいよ

　ホールでの発表会の練習を終えて、自分たちの保育室に戻り、保育者が、みんなに輪になって座るように言う。みんなが座ったところで、保育者がオペレッタ「ほがらか森のくぬぎの木」のさっきの練習について話している。

　保育者「かぶと虫さんと人間の人は、ハチさんの踊りを見てどうだった？」と聞くと、なるみちゃん（6歳2か月）が「たいへんだ、たいへんだのところの顔がたいへんそうでよかった」と答える。それを聞いた、保育室の後ろのほうでまだ衣装を着替え終わっていない人間役のゆうた君（6歳1か月）が大きな声で「もうちょっと上手にしたほうがよかった」と言うと、保育者が「どういうところ？」と聞く。ゆうた君は立ち上がって、動作しながら「上に手を上げるところを、もうちょっとピッと上げたほうがいい」と上手にやればいいところを言い、ハチ役のりょう君が立ち上がって「こう？」と手を真っすぐに力を入れて上に伸ばしながら言うと、ゆうた君は「そう」と言う。保育者「じゃ、ハチさん、みんなで今のところやってみよう」と言うと、ハチ役のぎんた君（6歳3か月）、れいちゃん（6歳5か月）、ゆうき君（5歳10か月）が立ち上がって、言われたところをうたいながら、そして手を真っすぐに上に力を入れてのばして動作する。

エピソード 85　少し、歌と踊りが合わなかった

（エピソード84と同じ場面）

保育者「ハチさんと人間の人とチョウチョの人は、かぶと虫さんの踊りを見てどうだった？」と聞くと、ゆかちゃんが（6歳4か月）「声がざつだったけど、うまかった」と言う。保育者が「どこがうまかった？」と言うとゆかちゃんは「踊りのところ」と言う。えみりちゃんは（5歳11か月）「（踊りが）少し、早かった」と言う。保育者が「そうだね、えみりちゃんが、気がついて言ったように、歌よりちょっと踊りが早かったね。そこのところをもう一回練習しよう」と言うと、かぶと虫役の子たちが保育室の後ろのほうに行く。言われて、さっと行動したかぶと虫役のけいたろう君（6歳7か月）が自分より遅く、列についた同じ役のりょうすけ君（6歳0か月）に「きちっと並んでほしい」と注文をつける。

　ホールでのかぶと虫の踊りでそろわなかったところをえみりちゃん（5歳11か月）に指摘されて練習しているところ。なかなかそろわないで何回もやり直している。それを少し離れたところで見ていた観察者のところにハチ役のりょう君（6歳2か月）が寄ってきて「先生、ぼくも言いたい。かぶと虫は、少し手の動きがちがう。こうやってこうやってからこう」と言いながら、自信に満ちて手を動かして見せる。そして、「〇〇君はバカだから何回やってもできないんだよ」と得意そうに言うので、「そんなことは言わないんだよ。一生懸命やろうとしてもできないときがあるんだよ。別のときにやればすぐできることでも」と言うと、当てが外れたような顔をして席に戻る。

エピソード83から85に見るように、5歳児クラスの子どもたちは、積極的に練習します。それも、よりよく表現しようとしています。一人ではなく、それぞれの自分と同じ役の子たちがよく表現できるように、努力します。よく表現するために、他の子からの指摘を受け入れて、言われたように身体を動かすように（よくできるように）練習します。また、自分の役ではない他の子の役もよく見ていて、適切な指摘ができるようになっています。物語を理解していて、それをみんなで表現するということを理解しているようです。

先に見たように、5歳児は、ものごとを抽象する力がついてきていることと関係しているようです。日常から離れて「何かをする」ことの意味を理解して取り組むことを始めているようです。このことが、4歳児クラスの練習風景との大きなちがいではないかと考えられます。

みんなで一つのオペレッタをする、それもよく表現したいという欲求が強ければ強いほど、83、84、85の3つのエピソードに登場するりょう君のように、踊り終わってすぐに今の行動を振り返って次につなげることができます。また、ゆうた君に指摘されたことにも積極的に取り組みます。しかし、よく表現したい欲求（よくありたい自己）は、裏を返すと「よくなくありたくない」ということです。何回、練習してもうまくいかないかぶと虫の動きをけなす（否定）ことにもつながります。

よく表現したい欲求（よくありたい自己）は、生きていくうえでの根源的な欲求ですが、周囲が、よさだけを求めることをすると、よくできないことを認めがたくします。他を思いやることとのバランスのなかで、人の生活が営まれているとしたら、周囲の大人の対応は重要になります。

PART 3　5歳児の世界

エピソード 86　発表会の歌をうたいながら描く

　卒園のアルバムの表紙の絵を描くことになる。
　ゆかちゃん（6歳4か月）となるみちゃん（6歳3か月）、えみりちゃん（5歳11か月）は先日終わったばかりの発表会で4歳児クラスが行ったオペレッタの歌をうたいながら、描いている。それを聞いたりょう君（6歳2か月）が「ゆか、かんむりか、かんぶりかわかってるの？」と聞くが、ゆかちゃんには聞こえないらしい。するとりょう君は立って観察者のところに来て、同じことを聞くので、「うん」と答えると、りょう君は「どっち？」と言う。観察者が「かんむり」と答えると、「ピンポーン」と言ってから自分の席に戻る。4歳児クラスの劇のなかでかんむりをかぶるところがあって、そこをゆかちゃんが「かんぶり」と表現して、先生に教えてもらったことを、りょう君はゆかちゃんたちの歌を聞いて思い出したらしい。

　同じ場面、みなみちゃん（6歳5か月）は先日行なわれた発表会のオペレッタ「ほがらか森のくぬぎの木」で蝶々の役になった。そのときの、蝶々の絵を描いているらしい。蝶々の歌をうたいながら描いている。

発表会が終わって、みなみちゃんは、先生に言われたわけでもないが、卒園アルバムの表紙の絵に、自分がなった蝶々の絵を、そのときの歌をうたいながら描いています。また、りょう君は４歳児クラスのオペレッタの歌を聞いて、そのときのやりとりを思い出して、ゆかちゃんに聞きに行ったりしています。実感を持って発表会の経験をしたのだと思います。発表会が終わっても、そのときの経験は、今の生活に組み込まれている様子がわかわります。

3　クラス（集団）の生活

1．欲求とルール

　集団で生活している子どもたちは、子どもたち同士の間で、自分の欲求をいかに主張し、折り合いをつけていくのかということが重要になります。自己を獲得する３歳ころから、お互いの間を切り結ぶものとしての「約束事（ルール）」を理解することは３歳児の世界で見たとおりです。

　そして、４歳児時代は、相手の気持ちを多少とも理解できるようになり、同質を求めて「みんなといっしょでありたい（仲間はずれはいや）」という気持ちが強くなり、仲間になるためには、ルールを無視した相手の欲求をも受け入れる傾向がありました。このような４歳児時代を経て、５歳児では、行動の秩序がどのように展開されているのでしょう。

(1)「ずるしたんだ」－「ずるしちゃいけないんだ」

> **エピソード 87**　　ずるしたんだ、ぜっこう
>
> 　ホールで2人ずつ組になって舟になり、こいで1番を争うことになる。けいたろう君（6歳1か月）は1番になりたく一生懸命にこいで頑張ってみたが、3番以内に入れなかった。すると1番になったりょう君（5歳7か月）とぎんた君（5歳8か月）のチームに向かって「ズルしたんだ」と言う。りょう君とぎんた君が戸惑った表情をしているので、1番から3番まで判定するように頼まれていた観察者が「私はちゃんと見ていたけど、ズルしていなかったよ」と言うと、けいたろう君は1番になった2人に「ぜっこう」と悔しそうに言う。保育者も「先生も見ていたけど、ズルしていなかったよ」と言うがおさまらずに、しばらく2人に向かって「ズルしたんだぞー」と言っている。

　1番を争うゲーム、「みんな1番になりたい」と思っています。エピソード87のけいたろう君は、頑張って1番になろうとしたがなれずに、自分がこんなに頑張っているのに1番になれなかったのは、ぎ

3 クラス（集団）の生活

エピソード 88　タッチしないで戻ろうとするんだもの

　ホールで2人ずつ組になって舟になりこいで1番を争うことになる。保育者の合図で一斉にこぎだすが、まさたか君（5歳5か月）とひろお君（6歳1か月）のチームはなかなかこぎ方の要領を得ずに前に進まない。他のチームの子たちはホールの反対側にタッチして戻り始めている。するとまさたか君は、タッチしないでそこからゴール（スタート地点）に戻ろうとすると、ひろお君は「だめだよ、だめだよ」と言いながらホールの反対側に行こうとするので舟が分裂しそうになる。しかし、ようやく前に進み出し、ほとんどの子たちがゴールしてからゆっくりとタッチして戻ってくる。終わってひろお君が観察者のそばに来たので「どうだった？」とたずねると、ひろお君が「だって、途中からタッチしないで戻ろうとするんだもの」と言って、それから保育者に「先生、もう1回やろう」と言ってみるが受け入れられず次の活動に移っていく。

んた君たちが「ズルしたんだ」ということになります。また、88のひろお君は、「1番になりたいけど、ルールは守らなければならない」ということで、ルールを無視して、とにかく早くゴールしようとするまさたか君ともめて結局、最後になってしまいます（もめなくても最後のほうだったと思いますが）。それでもひろお君は、1番になりたいので「もう1回やろう」と主張しますが、聞き入れられませんでした。しかし、もう1回挑戦したとしても今の状態では、1番になれそうにないのですが、ひろお君は「1番になりたい」欲求を何とかルールに従って満たそうとしています。

(2)「10回やったら交代」－ルールと欲求

エピソード 89　次はゆかちゃんじゃないの？

　なるみちゃん（6歳1か月）、えみりちゃん（5歳9か月）、れいちゃん（5歳6か月）、ゆかちゃん（6歳2か月）のグループの4人で、決められた区画の畑を掘り起こす作業をすることになる。なるみちゃんが「まず、私が10回、それかられいちゃん」と作業の順番を言う。続けてゆかちゃんが「その次、私」と言う。それがなるみちゃんの耳元だったらしくなるみちゃんは「うるさい」と言ってから黙々と作業（シャベルで土を掘り起こす）する。その様子を見ていたえみりちゃんが「ゆかちゃん、来て、もうやったんじゃない？（なるみちゃんが10回掘ったから、次はゆかちゃんじゃない？）」と言うと、なるみちゃんは「なんで、4回もしていないよ」と、まだ代わる番じゃないと言う。そして、続けて「(10回なんて)決めないほうがいいんじゃない」と言いながら掘り続けているが、土が堅いらしくなかなかシャベルが刺さらない。なるみちゃんが「ちょっと、手伝ってよ」と言うとゆかちゃんが「うん」と言ってシャベルに足をかけ力を入れるが、なるみちゃんの思うように、ゆかちゃんが動かないらしい。そして「ちょっと、そうやったらできないでしょ」と文句を言いながら掘るので、ゆかちゃんは不満そうに手を引っ込める。

　なるみちゃんが掘っているところへ、れいちゃんが来て「交代」と催促すると、なるみちゃんは「まだ」と言って掘っている。れいちゃんは「なるちゃんのいじわる」と言う。なるみちゃんは「じゃ、やって」と口では言うが、変わらずに掘り続けている。れいちゃんは「はやく、代わってよ」と少し強い口調で言うとなるみちゃんは「はい」とようやく代わる。

エピソード89のなるみちゃんは、保育者に言われた作業のやり方について、自分から「10回やったら交代する」という方法を提案します。他の子もそれを受け入れて、作業の順番も決まります。しかし、なるみちゃんは、作業が気に入ったらしく、10回過ぎても「まだ、4回もしていない」といって代わろうとしません。そして、「(10回なんて)決めないほうがいいんじゃない(好きなだけやりたい)」と言い、作業を続けています。そのうち、次の順番のれいちゃんがどこからか戻ってきて「代わる」よう言いますが、代わりません。れいちゃんに「いじわる」と言われ、なるみちゃんは「自分がいじわると言われることには絶えられません」のでしぶしぶ代わることになります。
　なるみちゃんのように、やりたい気持ちが強ければ、ルールより気持ちのほうが勝るようです。その気持ちをコントロールして順番(たとえ自分が決めたルールだったとしても)に従うことはむずかしいようで

す。しかし「いじわる」と言われることは「よくありたい自己」が傷つくので、よくありたい自己を守るために、欲求を押さえて、ルールに従うことが、何とか可能になってきたようです。

　このような作業の場合に、すぐ交代する（ルールに従う）ことができるのは、あまり作業に興味がもてないなどのときが多いようです。

（3）「靴と手とどっちが大切だ？」－大切なものへの気づき

エピソード 90　手が大切だよ

　園庭の隅で、三輪車に乗ったりょうすけ君（5歳11か月）にだいき君（5歳10か月）が、大真面目に「靴と手とどっちが大切だ？」と緊迫した大きな声で聞いている。どうやら、だいき君の手にりょうすけ君の靴が触ったか、踏んだかしてもめているようである。りょうすけ君はその剣幕に戸惑い、答えないでいると、だいき君はさらに声を高め荒げながら、自分が踏まれた手のほうが大切であるに決まっているという確信に満ちて、何度も「靴と手とどっちが大切だ？」と繰り返す。りょうすけ君が「靴」と小さな声で答えて、三輪車をこいでその場を去る。その場に立って、そのやりとりを静観していたぎんた君（6歳2か月）に、りょうすけ君の声が小さく聞こえなかったらしく、「（りょうすけ君は）何って言ったの？」とだいき君に聞くと、だいき君は不服そうに「靴だって」と言う。それを聞いたぎんた君が「手だよ」と落ち着いて答える。するとだいき君が少し離れて、その様子を見ていた観察者のほうを見て「ね、ね、りょうちゃんがね、靴と手とどっちが大切かって言ったらね、靴だって」とそんなことを言うなんて話にならないというように観察者に言う。観察者も「どうして、靴なのかな？」と自問するように言うと、だいき君は「靴のほうが大切なんじゃない」とあきらめたように言う。

3 クラス（集団）の生活

　手を踏まれただいき君は、あやまらないりょうすけ君に、何もしていないのに手を踏まないでくれというように、ストレートに迫らないで「手と靴のどっちが大切か」と迫ります。りょうすけ君は、手を踏んでしまって悪いことをしたことは理解できるので、小さな声で「靴（自分のもの）」と答えその場にいられず立ち去っていきます。ことのなりゆきを見ていたぎんた君が、りょうすけ君はどっちが大切と言ったかを確認して、「（りょうすけ君はまちがいだよ）手だよ」と冷静に判断しています。しかし、だいき君はあやまってもらえないうえに、当然、手が大切と言うと思って迫ったが、意に反して、靴のほうが大切と言われ、気持ちがおさまりません。そばにいる観察者（大人）に確認しますが、はかばかしい答え（味方になってもらえない）が返ってこないので、自分の確信（靴より、人の手のほうが大切）が少し揺らいだのか、大人の言うことだから仕方なく受け入れたのか、それ以上は追求しません。
　5歳児クラスのこのだいき君とりょうすけ君、ぎんた君のやりとりのようなもめ事の内容が途中ですり代わってしまうことは、3歳児クラスでは頻繁にありました（エピソード91）。かなりものごとを秩序立

エピソード 91　　いいもん、お家にあるミルキー全部飲んじゃうもん

　給食前の時間。テーブルに着きながら、れいちゃん（3歳11か月）とてつや君（3歳6か月）が何やら言い合っている。てつや君は「明日、遊ぶとき、てっちゃん、この子（隣りのゆうた君の服をつかんで）の家に遊びに行くもんね」と言うと、れいちゃんも「いいもん。青いお花見せてあげない」と言う。てつや君は「いいもん、お家にあるミルキー全部、飲んじゃうもん」と言うと、れいちゃんは黙ってしまう。

てて考えるようになってきている5歳児クラスでも「よくありたい自己」とルールの葛藤はまだまだ、多いようです。

(4)「あやまりな」－もめ事の仲裁

エピソード 92　あのね、れいちゃんのカバンが顔に当たったの

　もうすぐ給食の時間なので、外遊びを終えて保育室に入る。その帽子かけのところで、ゆかちゃん（6歳4か月）が大声で泣いている。そのまえにれいちゃん（6歳5か月）が仁王立ちになっている。そばのゆうき君（5歳11か月）が仁王立ちしているれいちゃんの手を取り「あやまりな」と言っている。れいちゃんは観察者の顔を見ると、ゆかちゃんの顔を覗き込みながら「やっていない」と言う。ゆかちゃんは大泣きしたまま。するとさらに覗き込んで、少しドスをきかせて大きな声で「やってねーよ」と言う。ゆかちゃんははますます大きな声で泣く。観察者がそばに行きゆうき君に「どうしたの？」と聞くと、ゆうき君が「あのね、れいちゃんのカバンがね、ゆかちゃんの顔に当たったの」と言う。観察者が「どれどれ」と泣いているゆかちゃんの顔の当たったと言うところを見ると、少し赤くなっている。観察者「これは痛いよ。れいちゃん、れいちゃんは気がつかないで、まちがえてやったかもしれないけど、ゆかちゃんは痛いって」と言って「だいじょうぶ？」と言いながらもう1回確かめると、少し傷になっているので「あれ？」とそのキズを不思議がると、ゆうき君が「あのね、キーホルダーのここ（と、れいちゃんのカバンについているキーホルダーの角をさして）がぶつかったの」と言う。「あ、大変、それじゃ、まず○○先生に見てもらわなくちゃ」と言って担任のところに連れていき、手当てをしてもらう。れいちゃんも不服そうにいっしょについてくる。

3 クラス（集団）の生活

れいちゃんの剣幕をみると、ゆかちゃんがいるのに気づかずに、カバンを振りまわしたのかもしれない。思いがけずにゆかちゃんに泣かれて、困惑する。ぶつかったらしいことは、ゆかちゃんの大泣きと、ゆうき君の「あやまりな」ということばで察しがついているようですが、ゆかちゃんを泣かそうとしてやったのではないので、れいちゃんにしてみれば、素直にあやまれないので、「やってねーよ」とすごみます。しかし、ゆかちゃんの傷が痛そうなのはわかるので、やったと言われることには納得できないが、いっしょについて行きます。なりゆきを目撃したゆうき君は、ゆかちゃんがなぜ泣いているのかの、ことのなりゆきをきちんと理解し、れいちゃんにあやまるように言っています。事情を聞いた観察者にも説明できます。しかし、れいちゃんにどうしてそんなことをするのかとか、なぜあやまらないのかというれいちゃんの気持ちにまでは思いが至らないようです。

(5)「ごめんねぐらい言って行けよ」－礼儀

エピソード 93　いきなりぶつかってね、ごめんねもしなかったんだよ

園庭を走りまわっていて、三輪車に乗ったりょうすけ君（5歳5か月）がゆうき君（5歳3か月）にぶつかってそのまま走り去る。ゆうき君はりょうすけ君に向かって「りょうすけ！　ごめんねぐらい言って行けよ」と怒鳴る。そしてその場にしゃがみこんで足をさすっている。観察者がそばに寄っていくと、下から観察者の顔を見上げて「○○さん、痛い」と言う。観察者「どうしたの？」とたずねると「あのね、いきなりぶつかってね、ごめんねもしなかったんだよ。りょう君（5歳7か月）、りょうすけと遊んじゃだめだよ。だって、りょうすけはいじわるするんだよ」とりょうすけ君の後を三輪車で追っているりょう君に向かって言う。

ゆうき君は、わざとやったのではなくても、人にぶつかったら（人に痛い思いをさせる）「ごめんね」とあやまるのが礼儀だと言っています。痛いことも痛いのかもしれませんが、それより、「ごめんね」と言わない失礼な態度が許せないようです。観察者に言いつけ、そして、いっしょに遊んでいるりょう君にも、りょうすけ君は失礼な子（いじわるをする）だから、そんな子とは遊んではいけないよと言っています。

　以上、5歳児クラスの子どもの欲求と、それを秩序立てるルールとの関係を（1）〜（5）に見てきました。これまでのエピソードに見る限り、ルールに従うということは、ストレートに「そのことに向かう欲求」を保留するということです。5歳児の「大きくなった（そして、大きくなることはよいことという期待・希望の論理）」という誇りが、欲求を保留することを支えているようです。しかし、ときに、「よくありたい欲求」が強力過ぎて、つまり、1番になりたい、だから、一生懸命に頑張ったのに1番ではないはずがない（3番は認めがたい）。しかし現実は1番ではないことがわかります。

　これが3歳児ですと、1番が2人いてもお互いに1番になることができて「よくありたい（優れていたい）欲求」が満足されました。しかし、5歳児は、それを相手に原因を求めます。ルールを守らないで「ずるをした」人がいるから、自分たちはルールを守って頑張っても1番になれなかったのだというように、なんとか「よくありたい」ことを守ろうとします。

　一方、自分のしたことに責任をもつという気持ちが出てきています。ぎんた君の手を踏んでしまったりょうすけ君は、「悪いことをした」という気持ちはもちあわせているようです。しかし、わざとではないことを言いたいのですが、相手の剣幕におされて、それで、相手

の剣幕と自分のわざとではないことの両方に折り合いをつけるために、小さな声で「靴（のほうが大切）」と言ってその場を去るという行動に出ることになります。

　同じく、気づかずにゆかちゃんを泣かせてしまった（子どもたちの表現をかりると、カバンを振りまわしていたら、勝手にゆかちゃんがそこにいたということでしょうか）、それもすごい勢いで泣いているので、困惑して、ゆかちゃんの前に立ち尽くすしかないれいちゃんがいます。この子どもたちの姿から「自分がやろうと思ってしたこと」あるいはわざとしたことに対する責任は、くやしかったり悲しかったりするけれども「ごめんなさい」と言わなければならないし、促されて言うこともできるようです。

　しかし、そのつもりがなく、してしまったこと（まちがってしたこと）に対して、自分がしたことで、相手が泣いたり怒ったりしているという因果関係は理解できます（現実原則）が、それについての責任（あやまる）ということは、納得がいかないようです。

　5歳児の自己の領域は、「私の欲求と意志の世界」に境界線があり、その「私の欲求と意志」を越えて、この私のしたことも自己の領域に入るらしいことに気づき始めていることが理解できます。

　また、なるみちゃんは、自ら「10回やったら交代」と作業のルールを作って取り組んでみたが、作業のあまりのおもしろさに、この作業をしたい欲求が強力になり、順番だから代わるように言われても、最初は、ルールにのっとり「まだ、4回もしていない（実際は10回以上していますが）」と言いますが、そのうち、ルールがあるからやりたいことができない。だから「（10回なんて言うルールを）決めないほうがいいんじゃない（やりたい、代わりたくない）」と言いながら、作業を続けることになります。しかし、なるみちゃんは、次の順番のれい

ちゃんに「いじわる」と自分の今していることを否定されます。それはよくありたい自己にとっては堪えがたいので、しぶしぶ交代することになります。

このように、直接に手足を使っての経験を通して、それをすることのおもしろさや楽しさがわかり、その感情がルールを上まわってしまうことは、5歳でも当たり前に観察されることです。しかし、ここで、重要なことは、ルールを無視して自分の欲求を通そうとしたときに、同じようにそれをしたいと思っている他の子どもたちがいるということです。他の子も黙ってはいません。「ルール」を守るように言ったり、ぎんた君のように「それは、手のほうが大切だよ」と味方をしてくれます。また、ゆうき君のように、もめ事の仲裁をしてくれます。

同じような経験を重ねた子どもたち同士は、自己をおびやかしたり（されたり）、味方になったり（されたり）、仲裁したり（されたり）といろいろの立場を、お互いに経験し合い、支え合ったり、対立したりを繰り返します。

2．みんなで考える－保育者と子ども

(1) グループの名前を決める

このところ、5歳児クラスは、その日、一日をいっしょに生活するグループ（1グループ4、5人）を決めて、その名前も自分たちで決めることが朝の日課になっています。

3 クラス（集団）の生活

エピソード 94　グループの名前を決める①

　それぞれ好きな子同士で集まって、自分たちのグループの名前を決めることになる。だいき君（5歳8か月）とぎんた君（6歳0か月）はガンダムグループと言い、夏休み中、北海道の祖父母のところに行っていたきょうへい君（6歳2か月）は「北海道はいいところだグループ」と言い、カーキン君（5歳8か月）は「ビーファイターグループ」と言い、なかなか意見がそろわない。そこへ保育者が来て、グループの名前をたずねると、口々に自分の言った名前を言い合う。保育者が「たまにはカーキン君やきょうへい君の（言った）グループにしてあげたら？」と言う。するとだいき君はすかさず「いやだ、だってかっこうが悪いもの」と譲らず、ジャンケンで決めることになる。カーキン君が勝って、ビーファイターグループに決まる。

　保育者は全部のグループの名前が決まったところで、1つずつ発表する。「だいき君たちはビーファイターグループ」というと、洗車器グループと決めたひろお君（6歳4か月）とゆうた君（5歳10か月）が、声をそろえて大きな声で「だせー」と叫ぶ。保育者が「そんなこと言わないの」と注意する。

　エピソード94のぎんた君たちのように、子どもたち同士での話し合いは、それぞれ、自分の意見を言い合ってなかなかグループの名前が決まりません。

　主張の強い子の意見が通ってしまったり、じゃんけんで決めたりということが多いようです。この日の女の子4人のグループ名は「人魚姫・ハート・星・リボングループ」となり、4人の主張が全部並びました。また、エピソード95のゆうた君たちのようになかなか決まらず、ルールを無視して強引に自分の考えた名前を保育者に告げたりし

ます。

エピソード 95　グループの名前を決める②

朝、保育者がテーブルを出しながら、今日はグループごとに座ることを告げる。けいたろう君（6歳2か月）、ゆうた君（5歳10か月）、きみや君（6歳2か月）、だいき君（5歳6か月）が1つのテーブルに座る。

グループ名を4人でワイワイ言いながら決めている。けいたろう君が「オーレンジャーグループは？」と言うと、ゆうた君がすかさず「いやだ、ドラエモングループは？」と言う。すると3人が声をそろえて「いやだ」と言う。（…中略…）

けいたろう君が「しまづめ（ゆうた君の名字）、Hグループは？」と言い、ゆうた君以外の3人はそれがいいと言う。ゆうた君は「いやだ」と言い、なかなか決まらない。そのやりとりを保育者が見ていて「けいちゃん、この顔見て（とゆうた君を指さして）本当にいやそうだよ。もう1回考えて」と言う。するとゆうた君は「なんでもグループがいい」、きみや君とけいたろう君は「かんづめグループがいい」と言い、だいき君も同調する。ゆうた君は「ぼくはいやだ、かんづめグループは」と言うが、きみや君が「しまづめとかんづめは似ているよ」と言い、3人で反対するゆうた君をからかうように「かんづめグループがいい」と言う。ゆうた君は「いつもそうなんだから、いやだ。けいたろうとはつきあってられない」ともめていたが、ゆうた君は、他のグループで名前を聞いている保育者のところにかけて行き、「タートルズグループ」と自分で考えた名前を告げる。

3 クラス（集団）の生活

> **エピソード 96　グループの名前を決める③**
>
> 　朝、テーブルを4つ出して、グループを作ることになる。
> 　なるみちゃん（6歳1か月）、えみりちゃん（5歳9か月）、ゆかちゃん（6歳2か月）の3人は1つのテーブルにつく。もう一人分席が空いるので、なるみちゃんが、イスを持って立っている（席を探している）れいちゃん（6歳3か月）に「れいちゃん、こっち」と自分のグループに誘っている。他の2人も同じくれいちゃんを呼んでいるが、れいちゃんは、ニコニコしながら男の子3人のグループに座る。そのグループ（れい、ひろお6歳5か月、ゆうた5歳11か月、きょうへい6歳3か月）の後に、カーキン君（5歳9か月）がイスを持って立っている。カーキン君はその4人のグループに強引に入り込み座ろうとすると、ゆうた君が「4人ずつだから、カーキン君はあっち」とゆかちゃんたちのグループを指さすと3人の女の子たちがいっしょに「エーッ」といやだという声を上げる。それを聞いていた保育者が「それはないでしょ」と言う。ひろお君が「じゃ、れいちゃんは女の子だからあっちのグループに行けば」と言うと、保育者「それはいい考えだね、れいちゃん、どう？」と言うと、れいちゃんはニコニコしてイスを持って女の子のグループに移り、カーキン君は男の子のグループに入ることができる。女の子4人のグループの名前は「平成たぬき合戦ポンポコグループ」と珍しく意見が一致する。

　たまに、エピソード96のように、意見が一致することもあるが、それは、アニメの「平成たぬき合戦ポンポコ」を見て、その楽しさを共有できていたからでしょう。ここでも同質、「女の子は女の子のグループ」「男の子は男の子のグループ」という分け方が、子どもたちにすんなりと受け入れられています。そして、れいちゃんのように、子どもは子どもたちに受け入れられることで、グループを代わること

ができるようです。それは、人は「そこにいる人に受け入れられる」ことで、そこに自分の場所を確保するからだと思われます。

(2) 運動会に向けての話し合い

運動会の日が迫っています。毎日、運動会の練習があります。今日の朝の会は運動会についての話です。

エピソード 97　　運動会の話 ①

運動会の練習、ホールに5歳児クラスだけ集まって、保育者を囲んで輪になり朝の会をする。保育者が楽しい運動会にするためにどうするかを問い、子どもたちと話し合っている。ゆかちゃん（6歳1か月）は「ちゃんと練習する」と言う。まさたか君（5歳8か月）は「みんながいなくなったら困る」と言う。それを受けて保育者が「練習するときは練習する。片づけるときは片づける。時間を大切にして、遊ぶときは遊ぶ。区切りをつけましょう」と言う。さらに「小さい子だけじゃなくて、困っている人とかがいたらどうする？」、するとみんなで声を合わせて「助けてあげる」、さらにゆうた君は（5歳10か月）「手伝ってあげる」と答える。保育者「みんなでやるっていうことは、困っている人がいたらやさしい気持ちで助けてあげることでしょ」と言いながら、子どもの人数を数えている。すかさずかずま君が「何人？」とたずねると保育者は「15人」と答える。すると、かずま君（6歳4か月）は「あ、おれが数えたとおりだ」と誇らしげに言う。

3 クラス（集団）の生活

エピソード 98　運動会の話 ②

　保育者が運動会のときに注意することを話す。保育者の話を聞きながら、ゆかちゃん（6歳1か月）は「ケンカしないで、おしゃべりしないで、砂いじったりしないで、ずっとこのままで（体操座りのままで）」と言う。保育者が「何もしないの？」と問いかけると、ゆかちゃんは「（何もしないのではなく、そうするのは）待っているときとか……、ケンカしないで……」とそれは待っているときに気をつけることだと言う。保育者は「ゆかちゃん、いいこと言ったね。待ってるときにケンカしたら、いくら組体操だけ上手にできても、さっき、きょうへい君が言っていたかっこいい運動会になるかな？」と言うと、かずま君（6歳4か月）が「ならない、不良の運動会になる」と言う。保育者が「園長先生とか、父母会の会長の話を聞いているときも運動会だよね」と言うと、みんなで「うん」と力強く答える。そしてかずま君が「あのね、先生、おれね、運動会のお土産、知ってるよ」と言うと、けいたろう君も（6歳5か月）「おれも知ってるよ」と言う。運動会のイメージが保育者の話とは別にドンドン広がっていくらしい。

　待っているときの態度などの話の次に、競技上の注意になる。保育者「小さい子といっしょに手をつないで走るとき、ギューギューに引っ張って走って1等になってうれしい？」と聞くと（練習のときにそういうことがあったらしい）、かずま君が「ううん、かっこ悪い、不良の1番」と言う。保育者は続けて「やさしい1番かな？　小さい子に合わせて走ったら3番になってもやさしいんだよね」と言う。なるみちゃん（6歳0か月）は練習のときを思い出し「リスさん（小さいクラス）が走れるくらいで走った」と自分はやさしくしたことを言う。保育者が最後に「楽しく、元気で……」と言いかけるとそれを受けてけいたろう君が「健康で」と真面目に言う。保育者は続けて「今まで頑張ったことが出せるような運動会にしようね。だから、自分の出る番じゃなくても、待ってるときでも、砂いじりしたりしないで、応援するんだよ」と結ぶ。

エピソード97、98は保育者と子どもたちの運動会についての話し合いです。保育者と子どもたちとのやりとりの内容から、運動会のとき、どのようにしなければならないかについては、相当の理解があるようです。しかし、エピソード99、100の練習という具体的な場面ではそうはいかないようです。保育者が子どもたちのなかに入って話を進めると、「あるべき姿」が優位になるようです。これは子ども同士の話し合いのところでも見ましたが、子ども同士の場合は、「ありたい姿（欲求）」が前面に出てくるようです。

エピソード 99　　運動会の練習 ①

　運動会の練習中、背の順に並ぶと、ゆかちゃん（6歳1か月）、なるみちゃん（5歳11か月）、みなみちゃん（6歳1か月）の順になる。その3人で何かもめてる。ゆかちゃんは2人に背を向けて口に両手の指を入れて下をむいて感情（たぶん、悲しい）の高まりをこらえる。ゆかちゃんはホールの端のほうで、そのやりとりを見ていた観察者のほうを見て、寄ってきて観察者の膝に座ろうとするところを、2人が見ていて、みなみちゃんが「あ、ゆかちゃん甘えてる」と言う。すると座らずに「自分たちだって甘えてるでしょ」と言いながら自分の場所に戻る。

　そうこうしていると練習が始まる。行進しながら隣り同士の子で手をつなぐように言われると、ゆかちゃんがなるみちゃんに手を出してつなごうとするが、なるみちゃんは体にピッタリと手をつけてつなごうとせず、その手を避けて歩いていたがそのうちつないで輪になる。

エピソード 100　運動会の練習 ②

　運動会の体操の練習をするので、列を作って並んでいる。みなみちゃん（6歳1か月）は先頭に並んでいる。同じく先頭のゆうた君（5歳10か月）と何かでもめている。みなみちゃんが大きな声でゆうた君に「人のせいにしないでよね」と言ってから、くるっと背を向けて前を向く。その様子をみなみちゃんの後ろで見ていたゆかちゃん（6歳1か月）がゆうた君の応援をしたらしく、またみなみちゃんがゆかちゃんのほうを向いて、「人のせいにしないでよね、みんな」と、がまんできないというような大きな声で言う。

(3) 栽培の仕方について

　運動会も終わった11月のある日の朝の会、保育者はライオン組（5歳児クラス）で、クロッカスとヒヤシンスを栽培することを説明しています。説明のなかで、根が出てくるまで「暗い夜」を作りたいけれどどうしたらよいかを子どもたちに聞いています（エピソード101）。

エピソード 101　ダンボール箱がいい

　保育者に問われて、すかさずゆかちゃん（6歳3か月）が「ダンボール」と答える。きみや君（6歳7か月）は「暗い倉庫の中」、他の子も口々に「黒い画用紙」とか、ゆうき君（5歳9か月）は「黒いビニール袋」、りょう君（6歳1か月）は「ジャンバーとかでね、暗くする」と言う。その声を聞きながら保育者は「いっぱいいい方法があるけどどうしたらいいかな？」と言う。

　すると、1番前に座っていて、興味津々で聞いていた、きみや君が「あ、わかった。ここに（と言って立ち上がり保育者の、机の下の暗い部分に入り込み、指さしながら）すればいい」と言う。保育者がそれを受けて、「今は暗いけど、夕方は電気がつくよ」と言うと、けいたろう君（6歳6か月）が「あ、わかった。プレイルーム」と夕方のプレイルームは暗いことを思いついて言う。保育者「プレイルームは、夕方は暗いかもしれないけど今は明るいよ」と言う。

　このようなやりとりをしているうちに、子どもたちの意見は、「ジャンバーで隠すのがいい」ということになる。保育者「だって、みんな、お家へ帰るときに、ジャンバーは着て帰るんでしょ。ジャンバーは着るものだから、着るものじゃないほうがいい」と言う。子どもたちの意見は、なかなか決まらない。保育者は「じゃ、いろいろ言ったけど、言った人はどうしてそれがいいか言って」と理由を聞こうとする。ゆうき君が手を上げて「黒いビニール袋は暗くできるから」という。次に保育者が「ゆかちゃんはどうしてダンボール箱なの？」と聞くと、ゆかちゃんが「暗くなるじゃん、それに丈夫だし」と言うと、けいたろう君（6歳6か月）がすかさず「だってさ、ダンボールはさ、穴が空いてるじゃん、持つところ」と、ダンボールは暗くないことを言う。保育者が「あ、そうか」と感心すると、きみや君がすかさず「そこはガムテープを貼ればいい」ということで、暗い夜はダンボール箱で作ることになる。ガムテープを貼ってできあがった箱に小さな穴が空いているのをきみや君が見つけて、そこにもていねいにテープを貼る。

保育者に問いかけられて、子どもたちは考えていろいろと答えます。最初から興味深げに聞いていたきみや君は、一生懸命に考えて「先生の机の下」がいいと思いつきます（考えているときに、たまたま先生の机の下が暗いことを発見したのかもしれません）。保育者はどういうときでも暗くなければいけないと言います。子どもたちは、いつでも暗くできるのはジャンパーで覆うのが1番と考えますが、着るものではないほうがいいと言われてしまいます。

保育者は、ダンボールの箱を使いたいらしく、ダンボール箱と答えたゆかちゃんの理由を聞きます。すると、けいたろう君は「手で持つところが、穴が開いているから暗くない」と言います。保育者が思いがけない答えに感心していると、話の最初から興味深げに聞いていたきみや君が「そこをガムテープで貼れば暗くなる（いつでも夜を作れる）」と言います。それで、全員で納得してダンボール箱に決めるというものです。

話し合いが終わって、保育者が栽培の準備をしていると、そこへエピソード102のようにゆうき君ときみや君が寄ってきます。

大切なクロッカスの水だから、こぼれないように両手で持つようにゆうき君に注意しています。

子どもたちは、興味のあるものについては、「なぜそうなのか」の問いにも答え、自分の意見が採用されなくても、他の子が答えたことを土台にして、その先を考え、みんなで意見を出し合ってよい方向を見つけ出すという「みんなで話し合う」ことができるようです。「自分が、自分が」と「よくありたい自己」を競うのではなく、その欲求から離れて、クロッカスの栽培にとってよい方法をみんなで考えることができ、そして、そのことを実行するために細心の注意を払うことをしています（エピソード102）。

エピソード　102　どうして、両手で持ってこないの？

　ゆうき君（5歳9か月）ときみや君（6歳7か月）が、クロッカスの栽培に興味をもっている様子で、その準備をしている保育者のそばにくっついている。

　ゆうき君がクロッカスの球根を乗せたビンに、根のところまで水を入れてくるように頼まれる。水を入れ終えたゆうき君が片手でビンを持ってソロソロとこぼれないように本人なりの気の使い方で帰ってくる。その様子を見て、たいち君は「どうして、両手で持ってこないの（そのほうが水がこぼれないのに）？」とこぼれてしまうじゃないかというように言う。するとゆうき君はすぐに両手で持って保育者のところに行き「（水の量は）これでいいの？」と聞く。保育者はそれを受け取り、テーブルの上に置き、横から見て「横から見るといいんだよ、あ、これでいいんだよ」と言う。

3．一人で考える－製作

　先に見たようなみんなで「話し合う」エピソード群からわかるように、子どもたち一人ひとりの提案は、たとえば、けいたろう君が言うようにダンボール箱の持つところに穴が開いていることを知っているなどは、子どもたち自身の細やかな、生活経験があってのことです。
　一人ひとりが日常の生活の場面で、見たり聞いたり、そして自分の身体を使って試みる（考える）経験が、「みんなで話し合う」ことに生きています。

> **エピソード　103　超ヘビにしよう、超ヘビって知ってる？**
>
> 　七夕が近い。その飾り（折紙のくさり）を作ることになる。それぞれ折紙をもらい、保育者が言うように作り出す。少しできあがったところで、それをつなげることになる。保育者が「お友だちともつなげていいよ」と言うと、けいたろう君（6歳2か月）は隣りのぎんた君（5歳9か月）に「つなげよう」と誘う。ぎんた君も賛成してつなげる。それから、ぎんた君の隣りのだいき君（5歳6か月）にもけいたろう君が「つなげよう」と誘う。そして「超ヘビにしよう、超ヘビって知ってる？」と興奮気味にだいき君に言うと、だいき君も大きな声で「知ってるよ。超長くしようってことでしょ」と言いながらつなげている。けいたろう君は「そうだよ」と答えて、次はだいき君の隣りのひろお君（6歳2か月）にも、「おまえもつなげる？」と言ってドンドンつなげる仲間を増やし、長い飾りができあがる。

　子どもたちは、どのようにして知識を自分のものにしていくのでしょうか。エピソード103のけいたろう君は、七夕飾りのくさりを保

育者の言うように作っています。その作業をしながら、ひらめくように思いついています。「(保育者に言われたとしても) 今していること」と、保育者の意図を超えて、これまでの経験を通してため込まれた感じや知識が、ひらめくように、突然のように結びついて、新しいものを獲得するようです。つまり、けいたろう君は、超〇〇という言い方とヘビの姿が、今、作っている製作物のなかで結びついて「超ヘビ」という新しいことばをつくりだしました。このように子どもの思考の現場は、何気ない毎日の活動のなかにあるようです。

> **エピソード 104　おもしろコップを作る①**
>
> 　製作をすることになる。コップとビニールの袋とストローが用意され、それぞれ絵を描いて袋とストローをつなげて、コップに穴を開けてそこにストローを差し込み、ストローを吹くとビニールの袋がふくらんで絵が出てくる「おもしろコップ」を作るという。保育者が作り方と道具の使い方の注意をしてから製作に取りかかる。ゆかちゃん (6歳3か月) は、袋に女の子の絵を描きながら、そばの観察者に「ね、先生、この女の子、はーいって (手を上げながら) 言って出てくるの」としぼんだ袋にストローで空気を入れると、袋がふくらむことを計算に入れて絵を描いている。

　エピソード104のゆかちゃんは、保育者の説明を聞いて「おもしろコップ」ができあがった状態 (できあがった見本がある) と、目の前にあり素材をどのような手順で作っていくのかが理解でき、今している作業がどの部分になるのかをわかって作業しています。エピソード103のけいたろう君のような「思考」のひらめくように飛躍する部分ではなく、先を見通して、目的に注意を集中させ、それを持続させて形にしていくという、じっくりと考え込む部分に当たる経験群という

ことでしょうか。エピソード105のひろお君は、さらに作業の細かな部分の作り方の工夫、どうすればうまくできるのかをあれやこれや試しながら取り組んでいることが「こうやればいい」とつぶやくところで理解できます。

　これらのエピソードの子どもたちの姿から、一口に「考える」といっても複雑な思考の過程を子どもたちはさまざまに経験していることが理解できます。大人は、子どもたちが自分でじっくりと経験できる時間と、素材などを十分に用意することが重要になります。もちろん、これらのエピソードのように、子どもの今もてる力や興味を十分に考慮して、保育者から働きかけることも重要です。このような姿は5歳児クラスになって突然にというのではなく、エピソード106の4歳児クラスのみなみちゃんのように、きちんと写すものを見て、確かめながら正確に写すということにも観察されています。

エピソード 105　おもしろコップを作る②

　保育者が作り方と道具の使い方の注意をしてから製作に取りかかる。ひろお君（6歳6か月）は黙々と絵を描き、袋に空気を吹き込んだときにコップがしっかりと立つように、コップのまわりに三角形の紙を4つ貼ることになる。ひろお君はそこのところが思うようにいかないらしい。三角形をコップに立てて手で押さえて、それからセロテープを貼ろうとするので三角形がずれてしまうが、それを何回か試す。それから先に三角形にセロテープを貼ってそれをコップに貼りながら「こうやればいい」とつぶやき、そばに観察者がいて見ていたことに気がつき、観察者に「こうやればいい」と言って次の三角形に取りかかる。

エピソード 106　壁の音符を正確に写す

　保育室の壁に寄せられているテーブルに1人で座って一心に何かを描いている。他の子たちは、それぞれ床に腰をおろしたり、保育室の真ん中に出されたテーブルを囲んでトランプをしている。みなみちゃん（5歳5か月）は壁の前をじっと見ては下を向き何やら書いて、また壁を見ては書いている。あまりにも熱心だったのでそばに寄ってみると、壁には「かえるの歌」の音符がひらがなで書いてある。どうやら、みなみちゃんはその音符を写しているらしい。ていねいにじっくりと見て、それからおもむろに、紙に今見た音符を写している。その作業はゆっくりであるが、確実に正確に音符と音符の間隔まで同じに写している。全部写し終わって「できた」とつぶやいて、少し離れたところで絵を描き始めたゆかちゃん（5歳4か月）に見せる。ゆかちゃんは、書かれた音符に、節をつけてうたうように読むと、みなみちゃんはそれをうれしそうに聞いている。ゆかちゃんがうたい、読み終わると、それを受け取り、そばで他の子と遊んでいた、他のクラスの保育者に持って行き見せる。保育者もゆかちゃんと同じように節をつけて音符を読む。終わってから「すごいね」とほめる。

　4歳児クラスの後半になってくると、「勉強している」とか、「1＋1＝？」など聞いてきたり、いわゆる学校をイメージしたことが話題に登り始め、5歳児では、「くもんをしている」とか、「勉強で忙しくて遊ぶひまがない。超忙しいんだ」ということを日常的に言い出す子どもが多くなります。このようなことから考えると、周囲の大人が学校へ行くことを意識しだすのが、4歳児クラスの後半あたりからのようです。それらを話題にしている大方の子どもたちは「大きくなることの喜び」の感情に彩られていて、うれしそうに大変であることを訴えてきます。

4　子ども同士の関係

　4歳児クラスの終わりころに、比較的持続した2人関係（ときに3人）から、3人（ときに4人）という仲間の関係へ発展していくようです。言って見れば、なかよしの関係を軸にして、仲間の関係へ発展していきます。

エピソード 107　1抜けた

　なるみちゃん（5歳11か月）、ゆかちゃん（6歳0か月）、えみりちゃん（5歳8か月）、みなみちゃん（6歳1か月）は、人魚姫・ハート・星・リボングループの4人である。

　園庭の隅の、金網の前に4人でシャベルを持って立っている。なるみちゃんが提案した遊びに4人の意見がそろわないらしい。なるみちゃんが「1抜けた人、手上げて」と言うが誰も手を上げない。するとなるみちゃんは「1抜けない人、手上げて」と言う。誰も手を上げないと「やるの？　ごっこ？（と自分の提案した遊びをやるのかと）」と聞くと、みなみちゃんが「ううん」とやらないを言う。それを受けてなるみちゃんが「じゃ、1抜けたって言って」と言うと、えみりちゃんとみなみちゃんがいっしょに「1抜けた」と言う。すると、それを聞いたゆかちゃんが「（2人とも1抜けたはおかしいから）1抜けた、2抜けたって言うの」と言う。そしてみなみちゃんとえみりちゃんがそこから抜けてゆかちゃんとなるみちゃんになるが、2人の意見もなかなか合わない。するとなるみちゃんが「3抜けた」と言い、一人残されたゆかちゃんが「いじわる、4抜けた」と言う。

先の「名前を決める」(p.181) のところで見たように、自分たちで、朝、1日をいっしょに過ごすグループのメンバーと、そのグループの名前を決めるところからクラスでの活動が始まります。エピソード107の4人は、1つのテーブルに集まって、それぞれ、グループの名前を人魚姫がいいとか、リボンがいいと出したが、なかなかひとつに決まらず、というより、自分が出した名前がいいとお互いにゆずらず、4人の出した名前をつなげて「人魚姫・ハート・星・リボングループ」としました。朝の会が終わって園庭で遊ぶことになりました。なるみちゃんが遊びの提案をしたようですが、意見がそろわない。そこで提案者のなるみちゃんが遊びたくない人は「1抜けた人手を上げて」と言うが、3人は、自分だけ1人になるのが嫌な様子で黙っている。（中略）なるみちゃんが「じゃ、1抜けたって言って」と言うと、その遊びをしたくないえみりちゃんとみなみちゃんが「1抜けた」と言って抜けるが、残った2人の意見が合わない。すると、遊びの提案をしたなるみちゃんが「3抜けた」と言い、1人になったゆかちゃんも「4抜けた」と言うエピソードですが、残されたゆかちゃんが「4抜けた」と言わなければならなかったところに、これまでにない5歳児たちの仲間関係の特徴があるのではないかと考えられます。

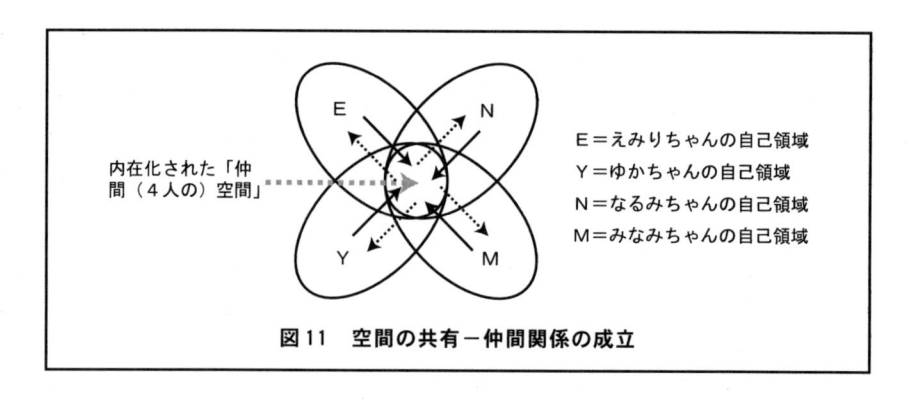

図11 空間の共有－仲間関係の成立

E＝えみりちゃんの自己領域
Y＝ゆかちゃんの自己領域
N＝なるみちゃんの自己領域
M＝みなみちゃんの自己領域

内在化された「仲間（4人の）空間」

それは、今のゆかちゃんの気持ちからして、自分もそこに参加しないことを表現しなければならない空間があることが想定されます。つまり、目の前でつくりだされる4人の関係（空間）だけであるならば、1人になったのだから「抜ける」必要がないわけです。自己の領域のなかに取り込んだ、もう一つの内在化された空間（仲間空間）から抜けるのです。この内在化した空間を、仲間の空間（関係）と定義することができます。ゆかちゃんが「4抜けた」と言うことは、仲間関係を今・ここに結ばない（外在化させない）という意志の現れと考えることができます。

　5歳児クラスの子ども同士の関係は、この仲間との関係のなかでさまざまな経験をすることになります。そして、その経験が、子ども同士がいっしょに生活することの大きな意味を担うことになります。

　仲間同士の関係が成立してくるまえの過程として、なかよしの関係から見ていきます。

1．なかよしの関係

　3歳児クラスから子ども同士の関係を見てきました。ある程度持続した2人の関係が続くのは、3歳児クラスでも見られました。楽しい遊び（経験）を共有することが重ねられて、最初はその遊びが終われば、その関係もそこで切れてしまっていましたが、満足して遊んだあとは、「いっしょに給食を食べる」約束をしたりして、少しずつその関係が持続していきました。このような経験を重ねて、なかよしになっていきました。そして、4歳児クラスの後半あたりでは、気の合う2から3人の子ども同士の比較的持続したなかよしグループが観察されるようになります。

(1)「貸してあげる」

> **エピソード 108　貸してあげる**
>
> 　保育室での活動が一段落して、保育者が外で遊ぶことを告げる。えみりちゃん（5歳4か月）が自分の帽子を取りに、廊下のカバンをかけてあるところに行く途中で、なるみちゃん（5歳7か月）が帽子を忘れてきたことを保育者に告げているのを耳にする。すると、えみりちゃんは自分の帽子を取りにいくのを途中で止めて、ロッカーのところに戻って、大急ぎで別の帽子（赤白）を取り出して、なるみちゃんに貸してあげる。なるみちゃんは大きな声で「ありがとう」と礼を言う。それからえみりちゃんは自分のカバンかけのところに戻り、自分の帽子をかぶり、2人で手をつないで外に行く。

　エピソード108は4歳児クラスのものです。このえみりちゃんとなるみちゃんのやりとりは、3歳児クラスで観察されたなかよしのエピソードの延長線上にあります。4歳児クラスのエピソード33（p.81）に見た、ゆかちゃんのように、れいちゃんやゆうた君もなりたいと思っていた「1番前」を取ってしまったゆかちゃんが「ひとりぼっちになるしかない（仲間はずれになるしかない）」と訴えていました。

　ここでは、外へ行くときは帽子をかぶるという約束事があり、帽子を忘れたことに気がついたなるみちゃんが、保育者に忘れたことを告げている場面を目撃して、えみりちゃんは自分の予備の帽子をなるみちゃんに貸してあげる。なるみちゃんはその帽子を借りることで、約束事に従って行動することができ、さらに、みんなは帽子をかぶっているが、自分だけが帽子がない（みんなと同じになることを求めるこの時期）という「ひとりぼっちになるしかない」場面を回避できて、「手をつなぐ」ことができました。

4歳児の子ども同士の関係は、「相手の要求がどんなものであれ受け入れること」で関係が成立することが多いのですが、1つしかないものをめぐっては「優れていたい自己」からすると、相手の要求を受け入れることは大変に努力のいることです。相手の要求を受け入れるということは、相当に自分の欲求をコントロールすることが要求され、なかなかうまくコントロールできずに、対立することが多くありました。

一方ではこのような対立があり、他方では、ここで見たように「優れていたい自己」がおびやかされない、そして「ありがとう」と相手の子どもに礼を言われたり、場合によっては大人からも承認を得ることができる行動の場合は、行動がスムーズにいくようになります。もちろん、よい自分でありたい欲求そのものを満たすために、貸してあげるのではなく、困っているなるみちゃんの気持ちがわかって貸してあげ、よくありたい自己が満足するのはその結果のことです。

(2)「2人は、ずーっとスカートをはいているんだよ」

エピソード 109　昨日のおとといからずーっと着ているんだよ

なるみちゃん（6歳1か月）とえみりちゃん（5歳9か月）はスカートをはいている。えみりちゃんが観察者に「昨日もこのスカート（と言いながらスカートの裾をヒラヒラさせ、その裏地の部分をさして）ここもスカート」と言う。観察者が「あ、わかった。そのスカート、気に入っているんでしょ」と言うと「うん」とうれしそうに笑いながら言う。そばのなるみちゃんも「この洋服ね、昨日（と言いかけて）昨日のおとといから（と指を4本立てて）ずーっと着てるんだよ」と言うと、えみりちゃんも負けずに「えみりも昨日のおとといから着てるんだよ」とうれしそうに言って、「ね」と2人で顔を見合わせてうなずき合う。

エピソード108のような経験をお互いに重ねて、4歳児クラスの終わりごろから、2、3人のグループで行動することが多くなってきました。エピソード109のなるみちゃんとえみりちゃん、ここにゆかちゃんが加わることが比較的多く見られますが、みなみちゃんが加わって4人になることもありますし、ゆかちゃんの代わりに、みなみちゃんの3人になることもあります。

なかよしの関係は、その気持ちを「同じもの」を同じようにしていることで確認しあうようです。2人で、同じスカートを昨日のおととい（4日前をなるみちゃんは、こう表現しました）から、ずーっとはいているのだと言います。

発達的には「おんなじ、おんなじ」といって洋服の絵の同じことに気づき出すのは2歳ころからですが、2歳児においてはその同じ絵は、他と区別する働きをするのですが、子どもの興味が移りやすく、同じ絵の服を着ている、他の子たちとは区別されたもの同士として持続することは、短い間のことです。日を越してということはあまりありません。

すでに述べたように、「同じ」ということが、同質を求める傾向の強い3歳児では、遊びの仲間に入るときの印として重要な意味をもちました。5歳児では、なかよし同士で、お気に入りの同じスカートを4日も続けてはくことになります。気持ちの深まりとその持続が感じられます。

（3）「だって、なるちゃんの命令だもん」

> **エピソード110**　〇〇さん、グー出して
>
> 　朝、保育室に観察者が入っていくと、なるみちゃん（5歳5か月）とゆかちゃん（5歳7か月）が寄ってきて、ゆかちゃん「〇〇さん、グー出して」と言うので言われたとおりにすると、「今度は、パー出して」と言うので言われたとおりに出す。するとゆかちゃんがその指をつかんで後ろにそらすので「いたい」と言って驚くと、当然というような顔で2人で「エヘヘ……」と笑う。観察者が事情を飲み込めないでいると、ゆかちゃんが「だって、命令だもの、なるちゃんの」と言ってそばのなるみちゃんに「ネー」と同意を求めて2人で笑い合う。

　4歳児の子ども同士の関係の成立において、相手の要求がどういうものであれ受け入れることで関係が成立するらしいことは先に述べたが、エピソード110のゆかちゃんとなるみちゃんの関係は、それを示す典型的なものです。なるみちゃんとえみりちゃんは、なかよしの関係にあります。それは、帽子を貸してもらった108のエピソードや110のエピソードに代表される関係です。このなかよしの関係のなかに、ゆかちゃんが加わろうとするとき、「相手の要求を受け入れる」こと、つまり、ことの善悪ではなく「なるちゃんの命令」を受け入れることが、仲間になりたいという自分の欲求を受け入れてもらうことになるようです。

エピソード 111　ここよ

　外で遊ぶことになる。それぞれ自分の帽子を取りに行き、準備のできた順番に入り口付近の決められた場所に並ぶ。えみりちゃん（5歳2か月）はいつも準備が遅く後ろのほうに並ぶことが多いが、今日は3番目に並ぶ。そして、まだ準備中のなるみちゃん（5歳5か月）の名前を大きな声で呼んで手招きをする。準備を終えてきたなるみちゃんに、自分の前の席を指して「ここ」と自分の前に座るように言う。

　なるちゃんの命令を受け入れたりしながら、ゆかちゃんは2人の、なかよしの関係のなかに積極的に接近していきます。次に見るエピソード112のように、みんなが、やりたい遊びであるが、「よい自分でありたい」自己からするとなかなか「悪者」の役は引き受けたくないその遊びを、自ら「悪者になってあげる」と買って出て遊ぶこともします。しかし、遊びの主導権は自分で握り「優れていたい自己」のバランスを取りながら遊んでいるようです。

　このような経験を重ねて、ゆかちゃんは2人のなかよしの関係を3人のなかよしの関係（仲間関係）にしていきます。

エピソード 112　悪者になってあげる

　ホールでリズム遊びをしてから外で遊ぶことが近ごろの日課になっている。ゆかちゃん（5歳7か月）、なるみちゃん（5歳6か月）、えみりちゃん（5歳2か月）は、リズム遊びの合間をぬって、リズムが終わったら遊ぶ遊びについて会話している。ゆかちゃん「ねー。悪者になってあげる」ということで悪者ごっこをすることになったらしい。リズムが終わって外に出ると、なるみちゃんが「早く悪者になってよ」と催促する。するとゆかちゃんが「待って」と言って悪者になる準備をしているらしい。待ちきれないなるみちゃんが、「えい」とゆかちゃんに切りかかるまねをすると、ゆかちゃんが「あ、まだ、やっていないのに、そんなことをするなら悪者になってあげないから」と言いながら、そばのエミリちゃんを捕まえて、さっそく悪者ごっこを開始する。

2．私たちの空間へ－仲間

　2人のなかよしの関係が、3人以上のなかよしの関係になったときに、仲間関係と考えていきます。なかよしから3、4人の仲間関係がみられるようになったのは、4歳児クラスの半ばを過ぎたころでした。2人のときとは比べようもなく複雑になった関係のなかで、子どもたちは何を経験しているのでしょうか。

(1) 仲間の内側

　5歳児の自己像のところで見たように、自己を他者の目を通して、その姿を吟味し、よくあるための努力をするなど自己の輪郭が明瞭になってきています。それは相手の子どもについての理解も明瞭になってきているということを意味します。

これまで見てきたように、なかよしや仲間の関係のなかで、お互いに自己を主張する関係になります。仲間関係の成立過程において、なかよしの関係のなかにあとから入ろうとした場合、相手の要求を受け入れることが重要でした。そして４歳児の子ども同士の関係においては、この「相手の要求を受け入れる」ことが重要でした。しかし、仲間の関係になっていくと、一方的に相手の要求を受け入れるということばかりをしません。次のエピソード113のように、主張し合います。ここでは「口に物を入れて話さない」という食事中のマナーを、「今ここ」の空間にもち込み、約束し合います。
　もち込んだ約束に従わないということは、よくありたい自己にとっては、とんでもないことであるが、他者からの注意を受け入れることも相当の努力が必要です。しかし、注意を受け入れないということは、仲間の約束を犯すことイコール仲間でなくなることを意味することになりますから、約束事を注意し合いながら、受け入れるということになります。このようにして、仲間関係を強めそして持続させると考えられます。
　しかし、その仲間内の約束事を、仲間ではない観察者から注意されて、なるみちゃんは戸惑います。それは、仲間ではないから注意を受け入れたくない、しかし、「口に物を入れて話しをしない」というマナーは、仲間の外の約束事でもあるからです。ゆかちゃんは、仲間であるなるみちゃんの応援をします。観察者の言っている「口に物を入れて……」という約束事を私たちは結んでいない、だから観察者から、そのように注意されることはないということを、「口に物を大急ぎで詰め込んで（自分たちの約束事をなかったことにして）」、「関係ない（観察者は仲間ではない）」と言います。仲間のなかでは、お互いに個と個を明瞭に成立させるが、仲間の外に対しては、個と個の間を取り

払って、内側（仲間）を主張して「今、ここの私たちの空間」を外に対立させます。

エピソード 113　食べるときは、口を手で押さえるんだよ

給食中、ゆかちゃん（6歳4か月）が口に食物を入れたままで話して食物を飛ばす。それを見たなるみちゃん（6歳3か月）が「食べるときさ、口を手で押さえるんだよ」と注意をする。するとえみりちゃん（5歳11か月）が「食べてるところは見せちゃいけないんだよ」と口を手で覆う。それを受けてゆかちゃんが「じゃ、なんでみんなは食べながらしゃべってるのよ」と抗議する。するとえみりちゃんが「1つ約束、口の中に食べるものが入っているときは、しゃべんないこと」と1言ずつ力を入れて言う。するとゆかちゃんも「ふつう、女の子はこうやって食べるんだよ」と口に運ぶ食物の下に左手を添えて気取って食べる。それを見てなるみちゃんが「ゆかちゃん、約束守っていない」と口に食べ物を入れたまま話していると注意する。

給食中、なるみちゃんやゆかちゃん、えみりちゃんは口の中に物が入っているときはしゃべらないという約束をしたばかり。なるみちゃんが口の中に物を入れたましゃべっているので、観察者が「口の中に物が入っているときは、しゃべらないでください」と言うと、（…中略…）なるみちゃんは少し戸惑った様子であるが「〇〇さんは関係ないの」と言うと、ゆかちゃんも大急ぎで口の中に食物を入れて「関係ないの」となるみちゃんと同じく言う。えみりちゃんも同調して「関係ないの、セーノ」とかけ声をかけると、3人で声を合わせて「関係ないの、ねーっ」と言って顔を見合わせる。（…後略…）

(2) 仲間－お互いを認め合う

　内在化された仲間の関係（仲間空間）は、仲間を吸引する力をもちます。今日も運動会の練習が終わると、誰からともなく集まります。次のエピソード114は、「何して遊ぶか」を話し合っています。お互いに相手の意見を尊重しながら、自分の意見もしっかりと言い合っています。そして、「セーラームーンの終わりの歌」をうたうことで合意します。

エピソード 114　何ごっこがいい？

　運動会の練習を終えて、ゆかちゃん（6歳4か月）、なるみちゃん（6歳3か月）、えみりちゃん（5歳11か月）の3人は、玄関まえの、コンクリートの段に腰かけている。ゆかちゃんが「何ごっこがいい？」と2人に問う。なるみちゃんが「おねえさんごっこ」と答えると、ゆかちゃんが「私、大学生の……」と言いかけると、なるみちゃんが気が変わったのか「いやだ、何もしないごっこ、ただ、うたうだけごっこ」と言う。それを受けてえみりちゃんが「カラオケごっこはどう？」と言うと、なるみちゃんが「いいよ」。ゆかちゃんもそれに同意して「そのまえに誰になるか決めようよ」と提案する。するとなるみちゃんが「いやだ、ただなるみちゃんとか、えみりちゃんとかでいいよ」と、別の名前を決めてからカラオケごっこをするのはいやだと言う。それを受けてゆかちゃんが「サバイバルうたおうか、みんなで」と言うと、なるみちゃん「いいよ、私は何うたおうかな」と考えているとき、ゆかちゃんが「やっぱし、セーラームーンの何という名前か知らないけど、セーラームーンの終わりの歌」と言うと、3人でうたい出す。

4 子ども同士の関係

> **エピソード 115**　キャンプ100回泊まれるし、○○先生もいなくなったしね
>
> 　ゆかちゃん（6歳4か月）、なるみちゃん（6歳3か月）、えみりちゃん（5歳11か月）の3人は、たいこ橋の下にできた、雨後のどろんこのところにしゃがみこんで遊んでいる。バケツに雨水をすくって入れながら、ゆかちゃん「ここは何もない川です」と言いかけて、そばに観察者がいるのを見て「ただし、○○さんはいるけど」と続ける。そして、観察者にゆかちゃんが「ここは川なんだ、テント張ったの」と言う。水をかきまわしていたなるみちゃんが「ここに泊まるの」と言う。ゆかちゃんが「そうだよ。100回泊まるの」と言うと、なるみちゃんが「だめ、6回」と訂正する。ゆかちゃんが「えー、どうして？」と聞き返す。するとなるみちゃん「じゃ、1000回、お家あるけど、ピクニックなの」と言い、観察者に「だめだめ、おばさんはだめ」と押す。観察者が「私は透明人間ですから」と言うと、ゆかちゃんが「だめだめ、私には魔法のサングラスがあるんだから」と言いながら2人で押す。そして少し離れたところまで押して、戻り、なるみちゃんが「鍵かけた。ガチャガチャ」と鍵をかけてしまう。そして、ゆかちゃんが2人に向かって、「暮らしやすくなったね」、えみりちゃんが「うん、キャンプ100回泊まれるしね。○○先生もいなくなったしね」と言いながらキャンプごっこを続けている。

　また、雨上がりの園庭でエピソード115の3人が遊んでいます。仲間ではない観察者は入れてもらえません。ゆかちゃんとなるみちゃんのやりとりを聞いていると、ゆかちゃんは、テントを張って泊まれることがうれしくて100回泊まるとその気持ちを表します。それを聞いて、なるみちゃんがあわてます。そんなに泊まったら「家に帰れなくなってしまう」と一瞬、思ってしまいましたが、場面を変えてピクニックならいい、ピクニックが終わったら家に帰れるから、100回と

いわずに1000回も（100より1000のほうが多いということは理解できているようです）泊まろうといいます。そして、自分たちの空間が外に邪魔されないように、鍵をかけて存分にキャンプごっこの世界を経験することになります。

　子どもたちは、観察者を「〇〇先生」と言い表すとときは、仲間ではないときや大人の役割を期待するときに言い、「〇〇さん」と言うときは、だいたい仲間を意識したり、大人の役割を期待していないときに使うようです。

(3) 仲間割れ－調整

エピソード 116　ね、ね、入れて、なるみちゃんも

　ゆかちゃん（6歳1か月）、みなみちゃん（6歳2か月）、えみりちゃん（5歳9か月）の3人がたいこ橋の上に並んで座っている。その下になるみちゃん（6歳0か月）が来て立っている。なるみちゃんも上の3人も何も言わない。少しして、なるみちゃんがそこの場所を去っていく。観察者が「どうしたの？」と聞くと、ゆかちゃんが「何もしないケンカ」と答え、続けてえみりちゃんが「何もしないのに、すぐすねるケンカ」と言う。観察者が「何もしないのにケンカなの？」と聞くと、えみりちゃんが「だって、さっき、なるみちゃんがゆかちゃんをいじめたの、だから仕返ししたの」と言って3人で並んで座っている。そこへまたなるみちゃんが来て、こんどは「入れて、カラオケごっこ」と言うと、3人は何も言わないで、タイコ橋の反対の方から下りて走って逃げていく。少しして、またえみりちゃんとみなみちゃんがたいこ橋のところに戻り並んで座る。そこへゆかちゃんがなるみちゃんの手を引いて戻ってきて、2人に「ね、ね、入れて、なるみちゃんも」と言うが2人は黙っている。するとゆかちゃん「ね、ね、相談してよ」と言うが、そのやりとりを見て、なるみちゃんは、またその場を離れていく。

4人の空間に、ただならない雰囲気が漂っています（エピソード116）。4人で何して遊ぶかを決めるときに、ゆかちゃんが提案したカラオケごっこをして遊ぼうとまとまりかけたときに、みんなの納得のいかないやり方でなるみちゃんが反対したのでしょうか。それをえみりちゃんが「なるみちゃんが、ゆかちゃんをいじめたの。だから仕返ししたの」と表現しています。なるみちゃんは反対をし、みんなから仲間はずれに合い、その場を離れたようですが、やっぱりみんなと遊びたい。それで、みんなのところに戻るが、みんなは何も言わない。許してもらえないことを悟ったなるみちゃんは、その場を離れるがやっぱり、いっしょがいい。また戻って今度は「入れて、カラオケごっこ」とさっき反対したけれども、いっしょにカラオケごっこをするから仲間に入れてほしいと言います。言われた3人は、カラオケごっこをしないと言うからなるみちゃんを仲間はずれにしたが、カラオケごっこに入れてとなるみちゃんが申し出たことで、仲間はずれにする子どもたちなりの理由がなくなります。そして、あやまったら許してあげなければならないということも頭ではわかっています。しかし、気持ちのうえでは整理がつかないのでしょう。3人はなるみちゃんの前から逃げていきます。しかし、少しして、またたいこ橋のところにみなみちゃんとえみりちゃんが戻ってきます。少し遅れて、ゆかちゃんがなるみちゃんの手を引いてその下に立って「なるみちゃんも入れてくれるように相談して」と呼びかけます。しかし、許してもらえないらしい雰囲気を感じて、なるみちゃんはまたその場を離れていってしまいます。ゆかちゃんの関係調整の試みは成功しませんでしたが、なるみちゃんのつらい気持ちに共感できて、なんとかみんなで遊べるように関係修復をはかろうとするところに、育ちの豊かさを見ることができます。

(4) 仲間割れ－修復

エピソード 117　あんたたちとは遊ばない

　園庭で、ゆかちゃん（6歳1か月）、みなみちゃん（6歳2か月）、なるみちゃん（6歳0か月）、えみりちゃん（5歳9か月）の4人がかたまって何かしている。そのうち、ゆかちゃんを除く3人がゆかちゃんを指さして「アハハ……」と笑う。ゆかちゃんはムキになって「あんたたちとは遊ばない。いいの、ほっといて」と言ってその場を去る。

　運動会の練習、保護者といっしょにやるタイヤレースを1列ずつやり終えて、終わった子たちが待っているところに、なるみちゃん（6歳0か月）が「私、1番」と言いながら来る。すでに走り終わって先に来ていたみなみちゃん（6歳2か月）が「私、2番」、するとえみりちゃん（5歳9か月）も「私、4番」とそれぞれ自分が何番目にゴールしたかを言い合う。そこへゆかちゃん（6歳1か月）が走り終えて「私は、2番だった」と言いながら観察者のそばに座るので、観察者「がんばったね」と言う。それを聞いていたなるみちゃんが「2番じゃなくて、3番だったらいいのに」と言う。ゆかちゃんが「どうして？」と聞くと、「だってさ、私が1番で、えみりちゃんが4番で、みなみちゃんが2番だから、ね？」となるみちゃんは、3番がそろうと、1、2、3、4番がそろうことを言う。ゆかちゃんはそれを受けて「でもさ、これで本当になかよくできたんだから、やろうよ、おねえさんごっこ」と、さっきのおねえさんごっこでもめて、自分から仲間をはずれてできなかったおねえさんごっこをすることを提案する。なるみちゃん「うん、いいよ。私、エリカだよ」と言う。「じゃ、わたしは3番（なるみちゃんがおねえさんごっこに賛成してくれたので、なるみちゃんの申し出を受けようということで）」と言う。

運動会の練習前、ゆかちゃんは練習が終わったら「おねえさんごっこ」をしようと提案したらしいのですが、どういう理由かはわかりませんが、他の3人に笑われてしまいます。ゆかちゃんは笑われたことを受け入れることができません。そこで自分から「遊ばない」と言って離れていきます（エピソード117）。

　そして、運動会の練習中、グループごとに走って、みんなが走り終わるまで、園庭の決められた場所で待つことになります。走り終わったなるみちゃんが1番だったと戻ってきます。すると先に走り終えた、みなみちゃんが「2番」、えみりちゃんが「4番」と言う。そこへゆかちゃんが「2番だった」と言って来る。それを聞いてなるみちゃんが「3番だったらよかったのに」と言う。どうして3番ならいいのかを聞くと、4人で「1番、2番、3番、4番がそろうから」と言うと、ゆかちゃんは「これで、本当になかよくなったんだから、やろうよ。（私の提案した）おねえさんごっこ」と、関係を修復させようとすると、なるみちゃんは「いいよ。私はエリカだよ」と言う。なるみちゃんは、ゆかちゃんを仲間のなかに入れる条件として、つまり、4人の仲間関係を修復する条件として、みんながやりたいエリカの役をしたいという。ゆかちゃんは、なるみちゃんがおねえさんごっこに賛成してくれたので、運動会の練習で本当は2番だったが、なるみちゃんが言う3番を受け入れて、再び仲間関係を成立させます。

　お互いに内在化させた仲間の空間は、離れ離れになった仲間を吸引する力をもち、仲間空間を顕在化させようとする傾向をもつようです。そのなかで、お互いのお互いに対する要求を受け入れ合うことで、関係を修復させていきます。もちろんなるみちゃんが思いついた、走った順番が「1、2、3、4」と並ぶといいという、お互いの欲求を離れて法則（数の序列）に従うという秩序を求める傾向にも助

けられています。

(5) もめ事

エピソード118　なるみちゃんがほかに決めればいいんでしょ

　朝の会をするためにテーブルを出すことになる。保育者が「今日はどういう形にしようか」と言うと、子どもたちは「学校みたいの」と１つのテーブルに２人ずつ並んで座りたいということになり、そのようにテーブルを出すことになる。　ゆかちゃん（６歳１か月）が運ぼうとするテーブルにえみりちゃん（５歳９か月）が行き、２人で出そうとしている。そこへなるみちゃん（６歳０か月）が寄っていき、３人で何やら話しているがそのうちにもめ出す。もめながらもゆかちゃんとえみりちゃんで所定の場所にテーブルを運び、イスを用意し、片方のイスにえみりちゃんが座る。そしてもう一方のイスにゆかちゃんがさっと座る。そのゆかちゃんが座った席をめぐって３人でもめる。すでに席を確保しているえみりちゃんが「ジャンケンで決めよう」と提案すると、なるみちゃんは賛成してジャンケンの用意をするが、すでに座っているゆかちゃんは納得がいかない。そして、「（あとから来たのだから）なるみちゃんが（他に）決めればいいでしょ」と自分はその席を動く理由がないし、ジャンケンをする必要もないことを強い口調で言う。それを聞いてなるみちゃんは、涙が出そうになり手で目を覆う。その様子をすぐ後の席に座ってみていたかずま君（６歳５か月）が「あ、おまえ、今笑いそうになったぞ」と言う。そう言われて、なるみちゃんはあわてて笑い顔になり「私のこと好きだから怒ったんでしょ。ママが言ってたよ。嫌いだと怒らないんだよ。好きだから怒るんだよ」と言う。その間に１番に席を確保していたえみりちゃんが、空いている前の席に移ると、えみりちゃんの横の空いている席になるみちゃんが座り、ゆかちゃんが１人になるが、そこを動かない。

2つしかない席、それは学校と同じ座り方で、子どもたちは小学校へ行くことの期待を学校のように座ることに託します。しかし、3人の仲間では、仲間といっしょに座りたいという気持ちから、大変なトラブルのもとになります（エピソード118）。先に席を確保したえみりちゃんは「ジャンケンで決める」ことを提案します。2人のなかに後から割って入った形の少し分が悪いなるみちゃんも、座りたいので賛成します。しかし、ゆかちゃんは、自分とえみりちゃんでテーブルを運んだので、優先権を主張します。先にそこに行った人が座るのは当然のルールなので、ゆかちゃんは強い口調で、後から来たなるみちゃんが別の場所に座るべきであることを言います。なるみちゃんもそのことは理解できるのですが、どうしても仲間はずれになりたくない（いっしょにいたい）し、うまい解決の方法が思いつかず泣きそうになります。しかし、その様子を見ていた、仲間の外のかずま君の一言に

泣きたい気持ちをがまんします。さらに、ゆかちゃんに強い口調で自分（座りたい欲求）が拒否され、悲しくて、その悲しさに耐えるために、前にママに叱られて悲しかったときにママに「嫌いだったら怒らない（注意）んだよ。好きだから怒る（注意する）んだよ」と言われたことを思い出して、そのときの場面とゆかちゃんの拒否にあって悲しい気持ちが一つになって、「私のこと、好きだから（ゆかちゃんが）怒るんだよ」と言わずにいられません。つまり、泣いたのではなく、「笑った」のであり（かずま君の言葉－そんなことぐらいでは泣かないという自尊心）、そして、ゆかちゃんの強い口調は「私のことが好きだから」と二重の肯定に支えられて「この場の悲しみ」をこらえていることが理解できます。そのなるみちゃんの悲しい気持ちに動かされて「ジャンケンすれば」と言っていたえみりちゃんが、なるみちゃんの気持ちをかなえる方法を見つけ出します。前の席が2つ空いていました。そこに移って、隣になるみちゃんが座ることができて、なるみちゃんの気持ちは治まりました。ゆかちゃんがそこの席にこだわったのは、仲間のえみりちゃんの隣りだったからですが、えみりちゃんを追って、2人のところには行きません。それは、そこに居続けることで自分の正当性を主張します。その正当性がゆかちゃんの自己（自尊心－よくありたい自己）を支えているからです。そのためには、仲間から外れることも辞さないのです。

　また、次のエピソードも同じ場面です。

　このエピソード119も、2つしかない席をめぐってのもめ事です。先に1つの席を占めたえみりちゃんは「ジャンケンすれば」とまた提案していますが、ゆかちゃんより先に席に座ったなるみちゃんは黙ったままです。誰から話し出したのかはわかりませんが、3人で席に関係のない話を楽しそうにしています。少しその話をしてから、ゆか

4 子ども同士の関係

エピソード 119　強いんだね、ジャンケン

　今日は風邪が流行っているということで出席者は12人で、女の子は、ゆかちゃん（6歳1か月）、なるみちゃん（6歳0か月）、えみりちゃん（5歳9か月）の3人である。朝、保育者が今日のテーブルの並べ方をどうするかと聞くと、みんな声をそろえて「学校（学校の机のように並べて2人ずつ座る方法がいい）」と言う。みんなでそれぞれにテーブルを出して来て、それからイスを持って来て2人ずつ座ることになる。えみりちゃんは、さっとうしろのテーブルに素早く座る。なるみちゃんがそれを見て、隣りへ行こうとする。ほんの一瞬遅れて、ゆかちゃんも行こうとする。ゆかちゃんがえみりちゃんのところへ行ったときは、なるみちゃんが座っている。それを見てゆかちゃんが「えー、ずるい」と言うが、なるみちゃんは答えない。その様子を見たえみりちゃんが「じゃ、ジャンケンすれば？」と言うが、なかなかジャンケンをしないで、3人で、ニコニコ笑いながら他の話に花を咲かせている。しばらく話を続けてから、ゆかちゃんが「じゃ、ジャンケン」と言ってなるみちゃんとジャンケンすると、ゆかちゃんが勝つ。なるみちゃんはすぐには席を変わらず、やがて立ちあがるが、ゆかちゃんはその席にすぐに座る様子がなく、また3人で他の話に花を咲かせる。それからなるみちゃんが「本当、強いんだね、ジャンケン」と言ってえみりちゃんの隣りに座る。ゆかちゃんはイスを持ったまま、少し座るところを探して、斜め前のひろお君（6歳6か月）の隣りに座り、ゆかちゃんはなるみちゃんに席を譲ってあげる。

ちゃんに促されてなるみちゃんはジャンケンをしました。ゆかちゃんが勝ってもすぐに席に座らず、また、さっきの続きの話をしているようです。いよいよ先生の話しが始まるというそのとき、ゆかちゃんは斜め前のひろお君の隣りに座りました。ジャンケンに勝ったゆかちゃ

んは、なるみちゃんに席を譲ってあげました。

　これはどうしたことでしょうか。えみりちゃんの隣りに座りたいはずの、そしてジャンケンに勝ったゆかちゃんが、3人で納得したルールに従って手に入れた席を手放すのです。3人で、その危機的な場面をいったん離れて、楽しいこと（話）に気持ちを向けます。たぶん、ここで、3人の関係が確認されたのだと考えられます。それで、少し先に座ったなるみちゃんが、ジャンケンするというルールを受け入れることができたのだと思います。そして、ゆかちゃんがジャンケンに勝って、なるみちゃんは席を立つが譲ることに躊躇します。また、この場面を離れて、さっきの楽しい話の続きをします。ことを急がずに場面の解決をいったん保留するといったところでしょうか。ここで、また、楽しい話題を共有しながら、3人の関係が確認されます。そして、ゆかちゃんが、自分より少し先に席に着いた優先権のある、しかしジャンケンに負けたなるみちゃん（ここでは自分が勝っている）に、席を譲ります。それは、少し話してから、ゆかちゃんがジャンケンを促したことをなるみちゃんが受け入れたこと、そして、ジャンケンに勝ったことで、なるみちゃんの優先権を認めることができた。そして、なによりも席が離れていても仲間空間が保たれること（今、ここの関係が切れるのではない）が確認された結果だと考えられます。

3．私たちの空間から－みんなへ

　これまで、5歳児の子ども同士の関係を、他から区別され、閉じた空間の深化、そしてそのなかで子どもたちが経験していることについて考えてきました。そこでは主体同士である子どもたちが、その関係のなかでどのように自分の欲求を表現し、折り合いをつけていくのかという対人関係の技法の獲得、そして自己の育ちなどについて見るこ

とができました。ここでは、子ども同士の関係のもう一つの側面を見ていくことにします。仲間はある意味において、他を排除する関係でした。ここで見る関係は他へ向かって開かれて行く関係について見ていくことになります。

ここでのエピソード群はある日の「ままごと」遊びです。

(1) 遊びのはじまり

エピソード 120　れいちゃん、バブちゃんになっていい？

　ホールでのリズム遊びが終わって、外で遊ぶことになる。いつの間にか、ゆうた君（6歳0か月）、れいちゃん（6歳4か月）、かずま君（6歳6か月）、ゆかちゃん（6歳3か月）、ひろお君（6歳6か月）、まさたか君（5歳10か月）、ゆうき君（5歳9か月）たちで、先週遊んだ給食室の前の、階段の下を利用してのままごと遊びが始まる。

　れいちゃんは砂をバケツに入れてシャベルでコネながら「れいちゃん、バブちゃん（赤ん坊の役）になっていい？」とこれまたそばで砂をこねているお父さん役のひろお君に聞くと「いいよ」と言われる。れいちゃんはさらに続けて「ね、ね、かずま君は犬だって、今日はりょう君（いつも犬の役になる）がお休みだから」と言いながらこねている。まさたか君は「塩、コショウで混ぜて……」と鼻歌をうたいながら砂を混ぜている。そして観察者に向かって「先生、今、ケーキ作ってるの」と機嫌よく教えてくれる。

　給食室の前の階段の下は、子どもがしゃがんで入れるぐらいの高さで、並んで座れば4、5人が入れる少し暗い空間です。この空間は、悲しかったりつらいことがあったり、他の子に追いかけられたりしたときに逃げ込んだりする非難場所であったり、気持ちをおさめたり、

癒す場所だったりするところです。

　ここ、2、3週間、その下に入り込んでままごとをすることが続いています。今日もさっそく、まさたか君やゆうた君が入り込んでごちそうを作り始めました。ままごとの役割も固定して、最初に確認しなくてもお互いに何の役であるかを了解しています。

　遊び始めのころ、観察者も入れてもらっていました。そのとき、れいちゃんが観察者に何の役になるのかを聞くので、「ポチ」と答えると、「え？　いぬになるの？」と信じられないというように言う。観察者が「うん、ごろごろできるし、それにご飯も作ってもらえるし、散歩にも連れていってもらえるし……」と答えて遊ぶ。その様子を、そのときはお兄さん役のりょう君が見ていて、犬のポチの役が気に入ったらしく、それ以後、ままごとでは、いつも「ポチ」の役はりょう君。何回も続けているうちに、だんだん何になって遊ぶかが決まっていきました。

（2）遊びの広がり－他を巻き込む

　エピソード121では、観察者は遊びに参加しないで、そばで様子を見ていました。ゆかちゃんの遊びのストーリーの展開上、どうしてもお父さんの役が必要になり、ままごとに引き込まれました。ほかにお父さん役の子がいるのですが、自分のストーリーを展開していくために，何人でもお父さんがいてもよさそうです。お互いの子どもたちが、自分のストーリーが犯されないかぎり、ままごとに入ったり出たりは自由のようです。

エピソード 121　だって、私21歳なんだけど……

　ままごと、ゆかちゃん（6歳3か月）がお母さん役のゆうた君（6歳0か月）に向かって「ね、お母さん。ビール」とビールが飲みたいと言う。するとゆうた君は「だめ、だめ。ビールは大人しかだめ、20歳過ぎてから」と大真面目に答える。すると大学生のももこになると言っていたゆかちゃんが「だって、私、21歳なんだけど……」と20歳を過ぎていることを言うと、ゆうた君「だめ、だめ」とさらに強い口調で言う。するとゆかちゃんは、ビールに見立てた器を観察者のところに持ってきて「ね、これ（と器をかざし）、お母さんには内緒」と言って渡す。それをお母さん役のゆうた君に見つかってしまい「だめ、だめ」と言われると、ゆかちゃんは「だって、お父さんは31歳でしょ」と無理にお父さん役に見立てた観察者にビールを飲ませる。

（3）場所の広がりとストーリーの発展

> **エピソード 122** ぜっこうしたの、うそっこの
>
> ままごと、お姉さん役のゆかちゃん（6歳0か月）が観察者を「お父さん（観察者は無理やりお父さんにさせられた）」と呼ぶので、「何？」と答えると「散歩に行こう」と言う。「いいよ」と答えて立ち上がると、ゆかちゃんが「ちょっと待ってて、魔法で」と言って大きなシャベルを持ってきてそれにまたがり、観察者にも後に乗るように言う。後に乗ると歩きだし散歩に行く。途中、さっきまでいっしょに遊んでいたゆうき君（5歳9か月「おれ、やめた」と言ってままごとを抜けている）がフラフラしている。観察者がゆうき君に向かって「お父さん」と呼ぶと、ゆかちゃんが「だめよ、その人はぜっこうしたの」と言う。観察者が思わぬ言葉に戸惑っていると、続けて「ぜっこうしたの、うそっこの」と言う。観察者が「ぜっこうって何？」と聞くと、ゆかちゃん「うんとね、もう遊ばないっていうこと、なかよくしてあげないってこと」と言う。

　ゆかちゃんは、さっきまで（エピソード121）大学生の21歳のもも子になっていたが、お父さんを散歩に誘ったとき（エピソード122）から、魔法使いのお姉さんに、早代わりしたらしい。箒に乗って散歩中、さっきまでお父さんの役をしていたゆうき君がフラフラしていたので、もう1回ままごとに誘おうと声をかけると、「ぜっこうした人に声をかけてはいけない」と言う。しかし、それはままごとの上の話だと言う。場所が拡大すると、遊びへの参加度も緩やかになるのかと考えたが、ゆかちゃんの「だめよ、その人は」という表現から遊びに参加している、していないは明確に区別してるようです。

　散歩から帰ると、ござが敷かれていて、家がイメージしやすくなっている。ゆかちゃんのイメージがどんどん膨らんでいきます。

4 子ども同士の関係

エピソード 123 お母さん、ここは私とお母さんとお父さんの部屋にしていい？

　ゆかちゃんと観察者が散歩に出かけている間にままごとが広がり、ゴザが敷かれている。そこへ散歩から帰ったゆかちゃんが、そばのお母さん役のゆうた君に「お母さん、ここは私とお母さんとお父さんの部屋にしていい？　だってベッドが3つあるんだもの」と聞くと、ゆうた君は「うん」と答える。するとそばの観察者に「お父さんも入ったら？」と言う。観察者が「だって、お家、汚いもの」と入りたくないことを言うと、ゆかちゃんが「掃除、しなくていいって言うんだもの」と言うので、観察者が「掃除して」と言う。するとゆかちゃんは「だって、私、勉強しなくっちゃ」となおも掃除をしたくないことを言うので、観察者が「何の勉強？」と聞くと、「魔法の勉強よ」と答えて勉強を始める。

　階段の下の周辺で、思い思いに自分のイメージを膨らませて、おもにごちそうを作ります。赤ちゃんもポチも、お兄さんもお母さんもお父さんも熱心に、工夫してごちそうを作るというその自分のストーリーが邪魔されなければ、比較的出入り自由に、ままごとが展開されています。それぞれの子どものストーリーの流れのなかで、いろいろの小道具が出されますが、邪魔されなければ、その小道具を自分と異なるものに見たてて遊んでいてもおおらかです。そして、ままごとの場所がどんどん広がって行きます。その場所が広がることで、それぞれの子どものイメージも広がり、それぞれの子どものストーリーも変化していくようです。一見、並行遊びのようであり、微妙なところでつまり、自分のストーリーに都合のいい部分だけ、他の子とかかわりながら遊び続けます。かかわって展開されたことが楽しければ、そこからまたどんどんと、ストーリーが、生き生きと広がっていきます。

また、逆に、かかわることで窮屈さを感じたときは、自分の元の遊びに戻ることができるので、楽しさは延々と続きます。この日も、保育者の「そろそろ給食だから片づけよう」という声を聞くまで続けられました。

(4) 片づけ

> **エピソード 124　片づけですよ**
>
> 　片づけの時間になったので、ゆうた君、れいちゃん、かずま君、ゆかちゃん、ひろお君、まさたか君、ゆうき君に、観察者が「お母さん、ももこちゃん、バブちゃん、お片づけですよ」と声をかけると、そばにいたまさたか君（5歳10か月）が「お兄ちゃん（自分の役）は？」と聞くので「お兄ちゃんもですよ」と言うと、お母さん役のゆうた君（6歳0か月）が「（いっしょに遊んだ）今の人（の名前や役割を）、書いておいて」と言う。観察者が言われたように、「お母さんはゆうた君、お父さんははひろお君（6歳6か月）、ゆうき君（5歳9か月）、ゆかちゃん（6歳3か月）はももこ、お兄さんはまさたか君、ポチはかずま君（6歳6か月）、バブちゃんはれいちゃん（6歳4か月）……」と参加している子どもの名前とその役割を言いながらメモすると、ゆうた君は、それを覗き込んで確かめる。

思い思いに遊んで満足したのでしょう、観察者がままごとの役割の名前で片づけを促すと、それぞれに遊んだ道具を片づけます。

これまでに見たままごとは、その空間内の空気が共有されて、それぞれに自分のストーリーが邪魔されなければ、出入りが自由だったり、おおらかに展開されることが特徴的です。このことから、三々五々集まって展開されるこの活動がつくりだす空間の輪郭は、緩やか

であり外に向かって開かれ、外を吸収して「今、ここ」の空間が拡大されていくことが考えられます。この穏やかな曖昧な空間は、ある活動を軸にして、外へ外へと向かい、お互いの子どもたちのイメージをかき立て、多様な活動へ展開していく可能性をもっています。

　一方、先に見た、仲間の空間は、外を排除し限られた空間のなかでその関係を密にしていきながら、より深く人との関係や、ものへと向かうことを経験していきます。

　同年齢の子どもたちがいっしょに生活することの意味がこの２つの関係に凝縮されます。これらは、人の世界へのかかわり方そのものであると考えられます。

おわりに

　これまで自己の育ちを、保育園という子どもたちの息遣いが聞こえる場での具体的なものと、人と、また自分自身とのかかわりの姿を通して見てきました。

　子どもの発達を知ることへの切り口はさまざまです。たとえば、保育所保育指針の保育の目標は「……現在を最もよく生き、望ましい未来をつくり出す力の基礎を培うことが保育の目標である」というように、今の生活を通して、生きる力を獲得するという視点から子どもの発達に接近しています。本書においても、この考え方から外れるものではありませんが、これに、現在をもっともよく生きる主体、望ましい未来をつくりだす力を獲得する主体の育ちに視点を置いて、子どもたちの発達を見てきました。

　人は何かのためにという目的をもっては生まれてきていないと考えられます。人の生活や育ちは、生まれた後につくりあげられるものであると考えています。そして、その人生をつくりあげていく主体、その人生の物語の主人公である自己＝私自身も最初からあるものではなく、それをも獲得していかなければならないものです。

　最初にあるのは、系統発生的な種のなかに混沌と漂っている、言って見れば誰でもない、主語を持たない「生命」です。この「生命」は、意味の網目（文化・社会）のなかに生まれてきます。「生命」は、意味の網目を理解する前に、このなかで生きることを開

始します。こうして、「生命」はそのときどきの欲求を満たしながら、そのときどきを生き、その生きることを通してそのときどきを生きている主体としての自己の枠組を最初に獲得します。そこまでが前著「心の育ち－０歳から３歳－」のテーマでした。自己の枠組を獲得したあと、つまり、この身体でこの名前で、そしてこの家や場所で生きていくことを、引き受けることをしはじめた子どもたちが、その後、そのときどきをどのように充実して生きているのか。そして、その生活を通して最初に獲得された「自己」がどのように組み替えられていくのかを、就学前まで追いかけたものが、本書「続 心の育ち－３歳から５歳－」です。もちろん、自己は、これからもそのときどきの生活を精いっぱいに生きて、その生きることを通して何度も何度も「自己」を組み替え、つくりあげていくことになります。言葉を変えれば、自分で人生をつくりあげ、そしてその人生を引き受け直していく（生きることと並行してその目的を生成する）ことになります。

　このように考えてきますと、望ましい未来をつくりだす力の獲得、そして育ちの筋道は最初から、揺るぎなくあるのではなく、そのときどきの生活を充実して生きたいという欲求が生活をつくりだし、広げ・深めることから、充実した生活をする力がつむぎ出されると考えられます。それらの育ちは、いっしょに生活をつくりだす大人の想像を、遥かに超えたものになるかもしれません。大人自身が、大人の今をどのように生きるのかを考え、子どもの今の欲求とどのように折り合いをつけるのかを、常に問い続けることになります。このとき、先に生きた、そして生きている大人は、ずーっと先の未来を見据えてという目と、今の生活の少し先を見通す目と、今の生活をいっしょにつくりあげるという目

をもちあわせていなければなりません。そして、日々の生活を通して、未来を見通す目は修正されていくものだと考えます。そして、修正するための冷静な思考と洞察力と勇気が大人には要求されると考えます。未来のための今ではなく、今のための今の生活をつくりあげること、つまり、共に生活することのなかから、これからの生活をつくりだす力が、大人にも子どもにも蓄えられていくのではないでしょうか。このように考えると、人の一生に準備の期間はありません。人は、いつも大切なときを生きています。そして、そのときどきの意味の軽重はありません。

　自己の育ちで言えば、経験を重ねることを通して、その枠組が獲得されたり、自己の内実が広がったり、深まったりということはありますが、たとえば、幼児期の生活より、青年期の生活のほうが価値があるということはありません。どの時期もかけがえのない時期です。幼児期は幼児期として成熟していきます。そして、幼児期が成熟すると、必然的に次の学童期の生活へと移行していきます。それぞれの時期が成熟するということは、次の時期の生活をするための土台となる力が獲得されたということです。「今を越える欲求（生きようとする力）」は、この力を土台にして生活を繰り広げることになります。

続　子どもの心の育ち
－3歳から5歳－

2001年5月26日　初版発行 © 2006年6月20日　第 3 刷	著　者　阿　部　和　子 発行者　服　部　雅　生 発行所　㈱萌文書林

〒113-0021　東京都文京区本駒込6-15-11
TEL (03) 3943-0576　　FAX (03) 3943-0567
URL：http://www.houbun.com
E-mail：info@houbun.com

印刷／製本　シ　ナ　ノ

〈検印省略〉

ISBN 4-89347-073-6 C3037